민족의 피로 만들어진 도시

부산

글 한너른
사진 이호상

신아사

일러두기

부산에 관한 설명은 부산광역시 시사편찬위원회에서 편찬한 〈부산지명총람〉을 참조하였습니다.

머리말

당연한 것은 없다. 갑자기 생기는 것도 없다. 우리가 마주한 모든 것은 저마다의 우여곡절을 겪은 끝에 비로소 지금의 모습을 갖췄다. 가령 우리가 어디에서든 쉽게 발견하는 길, 신호등, 횡단보도는 결코 당연하게 존재하지 않는다. 자동차를 발명한 이후 사람들은 한동안 자동차와 섞여 다녔다. 그러다 교통사고가 생기기 시작했고 사람들은 그제야 차로와 보행로를 구분했다. 신호등과 횡단보도도 만들었다. 우리가 지극히 당연하게 여기는 차로와 보행로, 신호등과 횡단보도는 사실 여러 사람이 머리를 맞대고 고민하여 만든 해결책이다. 이렇듯 우리가 마주한 모든 것은 저마다의 역사를 가진다. 땅도 마찬가지다. 모든 땅에는 이야기가 숨어 있다. 당신이 이 글을 읽고 있는 바로 그곳에서 누군가는 기뻐했고 누군가는 슬퍼했으며 누군가는 태어났고 누군가는 죽었다. 평범한 땅은 없다. 이름 없는 땅도 없다. 우리가 밟는 모든 땅은 특별하다.

부산은 대한민국 제2의 도시, 최대 항구 도시, 최고 관광 도시라는 별칭을 가졌다. 누가 뭐라 해도 특별한 도시다. 그런데 만약 부산이 대한민국 제3의 도시로 추락하거나 최대 항구 도시의 자리를 내주거나 별 볼 일 없는 관광 도시로 전락하면 어떻게 될까. 그때의 부산은 특별하지 않다고 여겨질까. 그렇지 않다. 부산의 특별함은 화려한 결과물로 말미암은 영광이 아니라 화려한 결과물을 얻기까지의 험난했던 과정으로 말미암은 영광이다. 부산이 걸어 온 남다른 길이 부산을 특별하게 만든다.

부산은 사실 대도시로 성장할 수 없는 도시였다. 이곳은 산이 많고 평지가 적어서 많은 사람이 모여 살 수 없었다. 개발할 수 있는 땅도 적었다. 심지어 한반도 동남쪽 땅끝에 치우쳐 있다. 불과 백여 년 전의 부산은 다른 도시와 교류하기도 힘들었다. 이런 촌구석을 대도시로 성장시키기란 매우 어렵다. 기술적으로는 가능하겠으나 필요성이 부족한 탓이다. 그렇다면 한낱 어촌에 불과했던 부산은 어떻게 지금의 대도시로 성장했을까. 부산은 전쟁을 통해 성장했다.

이 글은 지난 2,000년 간 우리 민족을 멸망 직전까지 몰아붙였던 전쟁 때마다, 팔도강산이 피로 물든 처참한 상황에서 유일하게, 같은 민족이 흘린 피를 양분 삼아 성장했던 비운의 도시 부산의 역사를 소개한다. 그러나 단지 부산의 역사만 소개하는 글은 아니다. 하나의 현상을 온전히 이해하기 위해서는 주변의 상황도 함께 살펴봐야 하듯이 부산의 역사를 온전히 이해하기 위해서는 좁게는 한반도, 넓게는 동아시아와 전 세계의 역사를 함께 살펴봐야 한다. 이 글은 한반도와 전 세계의 상황을 먼저 설명하고, 그 결과 부산은 어떤 변화와 성장 과정을 겪었는지를 더불어 설명한다. 따라서 독자는 부산의 성장 과정을 보다 유기적으로 파악할 수 있다.

이 글은 본래 부산 여행 가이드북으로 기획한 글이다. 나는 최근 몇 년 간 국내외 여러 도시를 오가며 살았다. 그러던 어느 날 내 고향 부산이 그리워졌다. 내가 부산을 너무 모른다는 생각도 들었다. 곧장 컴퓨터를 켠 후 부산을 알아보기 시작했다. 그리고 뜻밖의 사실을 알게 됐다. 부산은 본래 산과 포구(浦口)의 이름이었고 이 도시의 본래 이름은 동래였으며 부산의 최대 번화가인 서면은 조선 시대부터 존재했던 행정구역 이름이었고 부산의 최고 관광지인 해운대는 유명인의 이름을 딴 지명이라는 것이었다. 이후 부산 여행 가이드북을 만들기로 결심했다. 부산 사람도 모르는 부산의 모습을 알리고 싶었다. 때마침 직장을 그만둔 친구에게 나와 함께 작업할 것을 권했다. 우리는 부산 곳곳을 돌아다니며 글을 적고 사진을 찍었다.

작업을 시작한 지 6개월 정도 지나자 구체적인 성과가 나타났다. 하지만 매번 출판사와 계약하는 데는 실패했다. 컨셉은 좋지만 관광 정보가 부족하다는 피드백을 받았다. 점차 이상과 현실의 괴리감이 생겼다. 나는 해운대 해수욕장 근처의 맛집이 아니라 해운 최치원이 보고 감동했던 장소를 말하고 싶었고, 국제시장과 부평깡통시장의 이용 정보가 아니라 조선 후기 한중일의 무역 중심지였던 초량왜관을 말하고 싶었다. 힘겹게 작업을 이어가던 도중 코로나19가 창궐했다. 모든 작업을 중단할 수밖에 없었다. 친구는 생계 전선에 뛰어들었다. 나는 새로운 글을 적기 시작했다. 그간 쌓아온 부산의 역사 지식에 더하여 내가 궁금했던 내용을 추가했다. 단편적인 부산의 역사가 아니라 부산의 성장 과정 전체를 하나의 이야기로 만들고 싶었다. 그러기 위해서는 한반도 역사도 함께 설명해야 했다. 부산은 단독으로 성장한 도시가 아니기 때문이다.

이 글은 크게 부산에 관한 내용과 그 외의 내용으로 구분할 수 있다. 본문의 주를 이루는 부산에 관한 내용은 부산광역시 시사편찬위원회에서 편찬한 〈부산지명총람〉과 부산대학교 이근열 교수의 논문 수 편 등을 참조했다. 〈부산지명총람〉의 사용을 허가해준 부산시 관계자분과 이근열 교수께 감사 인사를 드린다. 특히 한 번도 뵌 적은 없지만 이근열 교수의 논문을 읽은 후 지명과 지형을 바라보는 내 관점이 한 단계 성장했음을 고백한다. 또한 한국사, 세계사, 전쟁사 등 부산 이외의 내용은 본문의 주가 아닌 탓에 아쉽게도 대략만 훑었다. 이 부분을 자세히 알기 원한다면 내가 참고한 영상을 시청하길 권한다. 책 말미에 참고 자료 목록을 적었다. 책이 세상에 나오는데 도움 주신 도서출판 신아사의 정현걸 대표와 김금란 실장 그리고 안소현 디자이너께 감사 인사를 건넨다. 내 글을 읽은 후 객관적으로 평가해 준 친구들의 의견은 원고를 완성하는 데 큰 도움이 됐다. 터무니없어 보이는 계획에도 선뜻 나를 믿고 함께해준 친구 같은 형 이호상에게 고마운 마음을 전한다. 함께 돌아다니며 공유한 모든 것이 평생 잊지 못할 추억으로 남을 듯하다. 마지막으로 내 결정을 믿고 지지해준 사랑하는 가족에게 이 책을 바친다.

2021년 4월 21일

한너른

머리말

이름에는 의미가 담겨져 있다. 인명이건 지명이건 이름에 깊이 녹아있는 의미를 알고 나면 대상에 대해 보다 친밀하고 풍성하게 이해할 수 있다. 부산에 있는 서면, 남포동, 동래, 해운대 등은 부산인은 말할 것도 없고 타지인에게까지 익히 잘 알려져 있는 지명일 것이다. 이런 지명은 부산에서 나고 자란 나에게 있어 나무를 나무라고 부르는 것만큼이나 당연한 것이었다. 부산에서 나고 자랐으며 군복무와 미국 어학연수를 제외하고는 계속 부산에서 살았기에 부산을 제법 잘 알고 있다고 생각했다. 그런데 착각이었다.

'서면이 왜 서면인 줄 알아요?'

이전까지 무던히도 잔잔했던 내 호기심의 물결에 파동을 일으킨 것은 절친한 친구인 한너른 작가였다. 나 개인으로서는 한 번도 '서면은 왜 서면이라고 부를까? 동면, 남면, 북면은 왜 없을까?' 따위의 생각을 해본 적이 없었고, 아마 앞으로도 그럴 일은 없을 터였다. 그런 식으로 한 작가는 이따금씩 부산 곳곳의 지명에 대한 유래를 알려주었다.

한너른 작가와 같이 걷다보면 지나가다 보이는 꽃이나 산의 이름을 궁금해 하고, 또 그 의미에 관심이 많은 사람이란 걸 어렵지 않게 알 수 있다. 그를 조금 더 가까이서 지켜보면 자기도 모르게 현재 눈으로 보고 있는 대상이 과거에 지나온 역사를 탐구하고 있다. 하지만 그를 잘 아는 나조차도 그에게서 이렇게까지 깊은 연구와 고찰이 나오리라곤 생각지 못했고, 이렇게 책이라는 결실을 거둘 줄 몰랐다. 이 책이 나오기까지의 짧은 역사를 소개하자면, 시작은 부산 토박이도 몰랐던 부산의 지명유래를 찾아다니는 로컬트립에서부터 였다.

우리는 안다고 착각했지만 사실은 모르고 있었던 부산을 조금 더 깊이 알고 싶어졌다. 익숙한 지명의 뜻이 무엇인지, 어떻게 해서 지금의 이름으로 불리게 되었는지 알아가는 일을 하게 되었다. 또, 부산에 오래 살면서 한 번도 가 보지 않은 길을 찾아다니기로 했다. 그때만 해도 한 작가는 글을 쓰고, 나는 사진을 찍으며 지하철역명의 간단한 유래와 명소를 소개하는 여행기에 가까운 기획이었다.

사진 중에는 많은 이의 눈에 익숙한 풍경과 구도도 있을 테지만 그 한 장이 여기에 실리기까지 내 나름대로 고민과 고충이 있었다. 유명한 스폿을 찾아가서 찍으면 수월했을 텐데 그 보다는 각 장소가 지닌 역사적 의미를 몸소 느끼고 싶었고, 이를 최대한 부각시켜 사진에 담아내고 싶었다. 이런 이유로 여기에 실린 사진은 모두 손이 아니라 발로써 촬영했다고 할 수 있을 만큼 수많은 골목을 거닐고 셀 수 없는 계단을 오르내렸다. 금정산 고당봉에서의 일몰을 촬영하기 위해 800미터가 넘는 고지를 올랐던 날엔 조난 위기에 빠졌던 적도 있다.

생각과는 달리 경제적 부담과 물리적 위험까지 감수하면서 까지 진행했던 우리의 처음 기획은 실패했고, 한너른 작가의 글과 내 사진은 빛을 못 볼 터였다. 그러나 그는 실패를 뒤로하고 부산의 상흔을 더듬으며 보다 더 깊고 넓게 연구와 집필에 몰두했다. 그리고 새로운 원고의 완성을 앞두고 내 사진을 책에 싣기를 청해왔다.

우여곡절이 많았지만 그의 지독한 애향심과 고집 덕분에 내 사진도 빛을 볼 수 있게 됐다. 여전히 부족하지만 지금 보다 한참 더 미숙했던 시기의 사진에 대해 풋풋함으로 여겨주시길 부탁드린다. 또 부디 단 한 장의 사진에서라도 좋으니 전에 가본 적 없던 부산 곳곳을 누비며 부산에 이런 곳이 있었나 하고 느꼈던 나의 기분을 독자 여러분도 똑같이 느낄 수 있다면 기쁘겠다. 나아가 이 책을 계기로 부산 안에서 '아직 가본 적 없는 부산'을 찾아 거닐어볼 수 있기를 바란다.

2021년 4월 21일

이호상

목차

1
이 도시의 시작
미지의 나라 거칠산국

2
한반도 병합 전쟁
거칠산에서 동래로

5
일제강점기
동래를 집어삼킨 부산

6
냉전과 한국전쟁
부산의 난개발

7

급격히 발전하는 부산

8

이 도시의 미래

민족의 피로
만들어진 도시
부산

이 도시의 시작

미지의 나라 거칠산국

기원전 1세기 한반도 배경

까마득한 옛날로 돌아가 보자. 머나먼 옛날 사람들은 가족 단위로 움직였다. 이들을 씨족이라고 부른다. 씨족들은 수렵 생활을 했다. 식량을 찾아 이곳저곳을 떠돌아다녔다. 그러다가 원시 농경을 시작하고는 한 지역에 정착하기 시작했다. 이때부터 인구가 폭발적으로 늘어났다. 안정적인 먹거리가 생겼기 때문이다. 씨족들은 조금씩 자기 영역을 넓혔다. 씨족 간의 영역이 겹치는 곳에서는 갈등이 생겼다. 갈등은 폭력 사태로 이어졌다. 씨족들은 더 큰 힘을 갈망했다. 그리하여 씨족과 씨족이 뭉쳤다. 씨족이 여럿 뭉쳐 만든 나라를 부족국가라고 부른다. 부족국가는 땅을 소유했다. 남의 땅이 좋아 보이면 강탈했다. 이렇게 약육강식의 시대가 도래한다.

기원전 108년 고(古)조선이 멸망한다. 같은 시기, 한반도 중남부 지역에는 삼한(三韓)이 있었다. 삼한은 마한, 진한, 변한을 통틀어 일컫는 이름이다. 마한은 현재의 경기, 충청, 전라도에, 진한은 현재의 경상북도에, 변한은 현재의 경상남도에 있었다. 그런데 삼한은 각각이 하나의 나라가 아닌 여러 부족국가들의 연맹체였다. 마한은 54개 부족국가로, 진한과 변한은 각각 12개 부족국가로 구성됐다. 이 부족국가들의 영토 크기는 작게는 현재의 구(區)나 읍(邑), 크게는 현재의 시(市)나 군(郡) 정도였다.

세월이 흘러 혁명적인 변화가 생긴다. 바로 중앙 집권 체제의 등장이다. 중앙 집권 체제는 왕권이 강화된 체제다. 왕의 힘이 강해지면 군대의 힘도 강해진다. 명령 체계가 단순해지기 때문이다. 부족국가의 명령 체계는 복잡했다. 부족국가는 여러 부족장들이 합의하여 국가를 운영했는데, 합의를 도출하기까지 긴 시간이 걸렸다. 무엇보다 각 부족에서 차출한 군인들은 저마다 꿍꿍이셈을 가졌다. 국가의 안위보다 부족의 안위를 중요하게 여겼기 때문이다. 이런 부족국가의 군대는 일치단결한 중앙 집권 국가의 군대를 이길 수 없었다. 한반도 최초의 중앙 집권 국가였던 고구려, 백제, 신라는 이웃의 부족국가들을 줄줄이 멸망시킨다. 한편 한반도가 아수라장으로 돌변하자 마한과 가야는 빠르게 변화를 도모한다. 느슨했던 연맹체의 결속을 보다 강력하게 전환한 것이다. 비록 최선이 아닌 차선을 선택한 것이지만 두 나라는 한반도 최후의 다섯 나라로 생존한다. 하지만 시간이 갈수록 마한과 가야의 연맹체 결속은 약해진다. 그리하여 마한은 5세기에, 가야는 6세기에 멸망한다. 그런데 한 가지 짚고 넘어가야 할 부분이 있다. 백제의 멸망은 660년, 고구려의 멸망은 668년이다. 가야의 멸망이 562년이니 한반도에 고구려, 백제, 신라만 존재한 시기는 약 100년밖에 되지 않는 것이다. 이 때문에 삼국시대라는 용어를 사용하지 말자는 주장이 있다. 내 생각도 비슷하다. 삼국의 대결만을 따로 조명할 목적이 아니라면 이 시대는 고조선 멸망 이후 한반도 패권을 차지하려는 열국(列國)의 대결로 이해하는 것이 바람직하다.

한편 삼한은 우리 민족과 한반도를 상징하는 단어다. 앞서 삼한은 마한, 진한, 변한을 가리킨다고 했지만 넓은 의미에서는 고구려, 백제, 신라를 가리키기도 한다. 과거 이웃 나라들은 우리를 삼한의 나라라고 불렀다. 지금도 비슷하다. 대한민국 역시 삼한에서 유래한 이름이다. 1897년 조선의 26대 왕 고종은 조선을 황제의 나라로 선포하고 새 나라의 국호를 삼한의 한(韓)에서 따온 대한(大韓)으로 삼는다. 고종이 '대한'을 국호로 선택한 까닭은 명확히 알려지지 않는다. 추측건대 급변하는 세계정세 속에서 우리 자주성과 정통성을 회복하려 했던 듯하다. 그러나 1910년 대한제국은 멸망하고 1919년 고종은 사망한다. 그런데 고종의 장례식 일정에 맞춰 3·1만세운동이 일어난다. 독립운동가들은 3·1운동의 동력을 발판 삼아 임시정부를 수립한다. 그리고 임시정부는 새로운 나라의 국호를 논의한다. 여러 이름이 오르내렸지만 가장 유력했던 이름은 영문 국호로도 사용하는 '고려'였고 가장 주목받지 못했던 이름은 망국(亡國)의 이름이었던 '대한'이었다. 그런데 신석우 선생이 '대한으로 망했으니 대한으로 흥하자'는 역발상 제안을 한다. 여기에 많은 사람이 공감하면서 우리나라 이름은 '대한'으로 정해진다. 다만 새로운 나라는 황제가 권력을 독점하는 제국(帝國)이 아니라 모든 사람이 권력을 나눠 갖는 민국(民國)이었다. 그리하여 우리나라 이름은 대한민국으로 정해지고 대한민국임시정부가 수립된다.

역사에 기록된 거칠산국

도시 이름은 시대에 따라 바뀌곤 한다. 서울은 한성, 광주는 무주, 경주는 서라벌이었다. 부산도 마찬가지다. 부산은 동래(東萊)였다. 동래는 8세기부터 20세기까지 무려 1,200년 가까운 세월 동안 이 도시를 대표했던 유구한 이름이다. 그렇다면 8세기 이전에 이 도시는 무슨 이름으로 불렸을까. 이 일대를 지배했던 부족국가의 이름으로 불렸다. 사실 '동래'라는 이름도 이 부족국가의 이름을 근거하여 지은 이름이다. 따라서 부산의 시작은 이 부족국가라고 해도 과언이 아니다.

이 부족국가를 살펴보기에 앞서 한 가지만 짚고 넘어가자. 역사란 기록과 증거 위에 상상을 덧입힌 영역이다. 기록과 증거가 풍부할수록 역사의 실체는 뚜렷해진다. 반대로 기록과 증거가 빈곤할수록 역사의 실체는 흐릿해진다. 이럴 경우 상상을 가미하여 역사의 실체를 가늠하는 수밖에 없다. 대개 현재로부터 먼 역사일수록 기록과 증거가 빈곤하다. 따라서 고대사는 상상이 필수다. 하지만 현대인은 상상하지 않는다. 아니, 상상할 시간이 없다. 상상이 부족한 사람은 과거와 현재를 연결하지 못한다. 가령 조선은 불과 100여 년 전까지 이 땅에 존속한 나라였지만 많은 사람이 조선과 대한민국을 연결하지 못한다. 지금 우리 사회 곳곳에 조선의 흔적이 수두룩한데도 말이다. 이런 사람들에게 고대사는 그야말로 별나라 이야기일 것이다. 하지만 현재와 무관한 역사는 없다. 지금 이 순간은 수많은 역사가 켜켜이 쌓인 끝에 비로소 존재한다. 과거와 현재는 매우 밀접하게 연관되어 있으며 제아무리 아득한 역사라 할지라도 현재에 영향을 끼치기 마련이다. 물론 그 영향이 사소할 수 있다. 지극히 작은 흔적으로만 남았을 수도 있다. 그러나 상상할 수 있다면 아무래도 상관없다. 상상의 힘은 강력해서 수천 년 전의 이야기를 현실로 만든다. 그리하여 우리는 과거와 현재가 이어지고 있다는 사실을 확인할 수 있다. 이것이 바로 과거와 소통하는 방법이요 우리 정체성을 깨닫는 방법이다. 그러니 상상하길 바란다. 아주 먼 옛날 당신이 살고 있는 동네는 하나의 나라였다. 그리고 산이나 강 너머에는 또 다른 나라가 있었다. 이렇게 한반도의 모든 동네마다 제각각의 나라가 있었다. 그 시대 사람들의 삶은 어땠을까. 옆 나라 사람과 말은 통했을까. 옆 나라 사람과 마주치면 어떻게 행동했을까. 〈공동경비구역 JSA〉에서처럼 남몰래 우정을 나눴을까. 〈로미오와 줄리엣〉에서처럼 남몰래 사랑을 나눴을까. 머나먼 역사가 생생하게 느껴진다면 이제 부산의 시작을 살펴봐도 좋을 것이다.

앞서 이곳 부족국가는 '동래'라는 이름의 유래가 됐다고 언급했다. 따라서 동래의 유래를 찾는 일과 이곳 부족국가를 찾는 일은 일맥상통하다. 동래의 지명 유래는 크게 '동래는 독로국에서 유래한다'라는 독로국설과 '동래는 거칠산국에서 유래한다'라는 거칠산국설이 있다. 물론 좀 더 세밀히 들어가면 '독로국이 멸망한 후 거칠산국이 이 지역을 지배했으나 동래는 독로국에서 유래한다' 또는 '독로국과 거칠산국은 사실 같은 나라의 다른 이름이다' 같은 복잡한 설도 있다. 각설하고, 이 중에서 내가 신뢰하는 설은 거칠산국설이다. 따라서 앞으로의 이야기도 거칠산국설을 바탕에 둔 것이다. 하지만 거칠산국설이 무조건 정답이라고 말할 순 없다. 내 생각은 얼마든지 틀릴 수 있으며 나와 다른 생각을 가진 사람도 많다는 사실을 미리 밝힌다. 짧게나마 독로국을 언급하고 지나가겠다. 독로국은 삼한 중 변한에 속한 12개 나라 중 하나였다. 그 위치는 현재의 부산이라는 설과 현재의 거제도라는 설이 팽팽하게 엇갈린다. 동래의 독로국설은 독로국의 이름이 독로·동내·동래 순으로 변형됐다는 주장이다.

거칠산국(居柒山國)은 건국 시기, 생활문화, 세력의 규모 등이 알려지지 않은 미지의 나라다. 하지만 불행 중 다행으로 짧은 기록이 남아 있다. 기록에 따르면 거칠산국은 내산국(萊山國) 또는 장산국(萇山國)으로도 불렸고, 신라 탈해이사금(재임 기간 57~80년) 때에 장수 거도(居道)가 이끄는 기병대의 기습을 받아 멸망한 후 신라 거칠산군(郡)으로 편입됐고, 거칠산군은 757년 경덕왕 때에 동래군(東萊郡)으로 개명했다. 이 기록들과 지금껏 밝혀진 사실들을 비교하여 역사의 실체를 대략 가늠해 보자. 기원후 1세기에 현재의 부산 지역은 가야의 세력권에 포함된 것으로 본다. 따라서 거칠산국은 가야에 속한 나라로 추정한다. 흔히 가야라고 하면 금관가야, 대가야, 아라가야 정도만 떠올리지만 실제 가야에는 작은 부족국가들이 많았다. 또한 현재의 부산 지역이 신라에 완전히 편입된 시기는 5세기 이후로 추정한다. 따라서 거칠산국이 1세기에 멸망했다는 기록은 신빙성이 낮다. 하지만 거칠산국의 멸망과 동래의 어원에 관한 기록으로 보아 거칠산국이 신라에 멸망한 것은 분명해 보인다. 그렇다면 거칠산국은 1세기에 멸망한 후 부활했으나 5세기에 재차 멸망한 것일 수도 있고 아니면 신라가 자기네 역사를 부풀리기 위해 거칠산국의 정복 시기를 앞당겨 기록한 것일 수도 있다.

거칠산은 어디인가

그렇다면 거칠산국은 정확히 어디에 있었을까. 거칠산국의 위치에 관한 설명은 부산대학교 이근열 교수가 2008년 발표한 논문 〈동래의 연원과 그 말밑〉을 근거로 한다. 거칠산국은 내산국이며 장산국이었다. 즉 이 나라는 특정 산(山)을 중심으로 활약한 나라였다. 그렇다면 거칠산, 내산, 장산은 모두 하나의 산을 부르던 다른 이름일 가능성이 높다. 거칠산국인들이 특별하고 신성하게 여기던 산이 여러 개였을 가능성은 적다.

거칠산국의 흔적이 남은 장소

왼쪽 봉우리는 황령산 사자봉, 가운데 두 개의 탑이 있는 봉우리는 황령산 주봉,
오른쪽에 송전탑이 있는 봉우리는 금련산

황령산 정상에서 바라본 서면 전경. 멀리에 낙동강이 보인다.

그런데 현재 부산에는 거칠산 또는 내산으로 불리는 산이 없다. 장산은 있다. 하지만 장산은 본래 상산(上山) 또는 웃산(위에 있는 산)이라고 불렸다. 따라서 거칠산과 장산의 연관성은 적어 보인다. 그렇다면 거칠산, 내산, 장산은 도대체 어떤 산일까. 이에 대한 두 가지 설이 있다.

우선 황령산설이다. 황령산(荒嶺山)은 서울의 남산처럼 부산 한복판에 있는 산이다. 황령산 바로 옆에는 금련산이 있는데, 두 산은 연결된 산, 즉 연산(連山)이다. 황령산의 정상에서는 아름다운 전경을 감상할 수 있다. 정상에서 서북쪽을 바라보면 부산의 최대 도심인 서면 번화가가 보이고 동남쪽을 바라보면 부산의 랜드마크인 광안대교가 보인다. 맑은 날에는 대마도까지 보인다. 이 때문에 과거 황령산에는 봉수대를 설치했었다. 황령산의 높이는 서울 남산의 두 배에 달하는 427m지만 정상까지 오가는 버스는 없다. 자차나 택시를 이용해야만 한다. 정상에는 바람도 강하게 분다. 여러모로 관광객을 유치할 형편이 못 된다. 최근 부산시는 황령산 케이블카와 전망 타워 설치를 검토하고 있어서 귀추가 주목된다. 거칠산의 황령산설에 따르면 황령산은 본래 '거친 산'이었다. 거친 산을 한자 거칠산(居漆山)으로 표기한 것이며, 내산(萊山)과 장산(萇山)도 모두 '거친 산'이라는 뜻이다. 이후 거칠산은 황령산으로 바뀌는데, 황령산의 황(荒)은 거칠다는 의미를 내포한다.

다음으로 배산설이다. 배산(盃山)은 황령산의 정상에서 북쪽 약 2km 거리에 있는 작은 산이다. 높이는 서울 남산과 비슷한 255m다. 하지만 경사가 매우 급해서 등산하기는 꽤 버겁다. 이 때문에 타지인이 방문하는 일도 드물다. 거칠산의 배산설은 조금 복잡하다. 배산은 본래 홀로 떨어져 있는 산이 아니라 황령산, 금련산과 연결된 연산이었다. 머나먼 옛날에는 황령산, 금련산, 배산까지 이어진 커다란 연산 전체를 '한산', '한뫼', '한재', '한령'이라고 불렀다. 여기서 '한'은 한강(큰 강)이나 한숨(큰 숨)처럼 크거나 높다는 뜻을 가진 우리말이고, '뫼'는 산(山)의 우리말이며, '재'는 대관령, 추풍령처럼 큰 고개를 뜻하는 한자 령(嶺)의 우리말이다. 따라서 한산, 한뫼, 한재, 한령은

수영강 APEC 나루공원에서 바라본 배산. 산의 허리부터 경사가 가파르다.

모두 '큰 산' 혹은 '큰 고개'를 뜻한다. 거칠산의 뜻도 일맥상통하다. '거칠'은 크거나 많다는 뜻을 가진 우리말 '걸다'에서 기원한 단어다. 따라서 거칠산을 해석하면 '큰 산' 혹은 '봉우리가 많은 산'이 된다. 정리하자면 거칠산은 한산, 한뫼, 한재, 한령의 또 다른 이름이다. 그런데 긴 세월이 흘러 이 연산에 변화가 생긴다. 오랜 풍화 작용 탓에 연산의 봉우리들이 도드라지게 드러난 것이다. 그리하여 후대 사람들은 연산을 하나의 산으로 인식하지 못한다. 결국 연산의 여러 봉우리는 각각의 산이 되어 각각의 이름을 갖는다.

대표적인 봉우리는 '황령산'이 된다. '황령'은 연산 전체를 가리키던 '한령'을 잘못 대응시켜 생긴 이름이다. 또한 연산의 맥에서 끊긴 작은 산은 '잣뫼'가 된다. 잣뫼란 성(城)을 뜻하는 우리말 '잣'과 산(山)의 우리말 '뫼'를 합한 단어로 '성이 있는 산'을 뜻이다. 사람들은 '잣뫼'를 '잔메'라고 부른다. 그러다 어느 시점부터 '잔메'가 '잣뫼'였다는 사실을 잊는다. 기록으로 남기지 않은 탓이다. 결국 '잔메'는 국이나 술을 담는 '잔'을 뜻하는 한자 배(盃)를 사용하여 배산(盃山)이 된다. 성은 곧 중심이다. 따라서 성이 있던 배산이 곧 거칠산, 내산, 장산이다.

두 가지 설 중에서 대중에게 많이 알려진 설은 황령산설이다. 하지만 개인적으로는 배산설에 마음이 기운다. 실제로 배산에서 성의 흔적을 발견했기 때문이다. 물론 정답은 알 수 없다. 다만 황령산과 배산은 지척 거리에 있으므로 거칠산국은 이 일대에 존재했던 나라로 추정할 수 있다. 또한 현재 부산 해운대구에 있는 장산을 상산 또는 웃산이라고 부른 까닭은 이 산이 황령산과 배산의 북쪽에 있기 때문이라는 사실도 추정할 수 있다.

거칠산국의 성과 거주지

배산에는 지금도 성의 흔적이 남아 있다. 그런데 최근 배산성지(城址)에서 신라 특유의 층단식 성벽을 발견했다. 거칠산국이 가야에 속한 나라였다는 사실을 생각해 보면 고개가 갸우뚱해진다. 이게 다가 아니다. 2017년에는 배산성지에서 대형건물터, 경상도 최대 규모의 원형 집수지(빗물을 저장하는 곳), 그리고 을해년(乙亥年)이라고 적힌 목간(글을 적은 나뭇조각)을 발견했다. 목간에 적힌 을해년은 신라가 거칠산국을 완전히 병합한 이후인 555년, 615년, 675년 중 하나로 추정한다. 또한 이곳의 대형건물터와 원형 집수지도 신라가 만든 것으로 추정한다. 그렇다면 배산성도 신라가 쌓은 것일까.

이에 대한 두 가지 가설을 세울 수 있다. 첫 번째는 신라가 배산성을 쌓았다는 가설이다. 그런데 이 가설이 맞다면 또 다른 의문이 생긴다. 거칠산국의 성은 어디에 있냐는 것이다. 과거의 모든 나라는 성을 가졌다. 하지만 지금까지 거칠산국의 성지라고 추정할 만한 곳은 배산 밖에 없다. 그렇다면 배산성은 본래 거칠산국의 성이었으나 신라가 이 성을 점령한 후 자신들의 방식대로 수리했을 가능성이 있다. 이것이 두 번째 가설이다.

배산성은 어떤 성이었을까. 성을 쌓는 최우선 목적은 방어다. 따라서 일반적인 성은 주로 야트막한 산이나 언덕에 설치한다. 무작정 높은 산에 성을 쌓진 않는다. 일정 수준보다 높은 산은 의외로 군사적 가치가 낮다. 적의 공격을 방어하기에는 좋겠으나 보급과 식수 문제를 해결하기 어려운 탓이다. 따라서 우리가 아는 산성(山城)들은

배산 집수지

배산 성벽

모두 특수한 목적을 이루기 위해 대단한 결심으로 쌓은 성이라는 사실을 짐작할 수 있다. 그런데 거칠산국이 활약한 시대에는 토성(土城)이 흔했다. 토성은 말 그대로 흙성이다. 하지만 실제로 흙을 쌓아 성벽을 만드는 경우는 드물다. 대부분은 산과 언덕 같은 자연환경을 성벽으로 이용했다. 그렇다면 배산성은 단순한 성이 아닌 견고한 요새였을 가능성이 있다. 산의 높이도 적당한 데다 경사도 매우 가파르기 때문이다. 이 가정이 맞다면 신라는 배산성을 점령하는 데 꽤나 고생했을 것이다. 이렇게 고생해서 얻은 성을 그냥 내버려 둘 리 없다. 성을 수리하고 보완하여 더욱더 강력한 요새로 만들었을 것이다. 혹시 모를 장기전을 대비하여 대형 건물과 대형 집수지도 만들었을 것이다. 이 모든 공사를 마무리한 해가 을해년이지 않았을까. 물론 이것은 두 번째 가설을 기반으로 한 내 상상에 불과하다. 하지만 이런 상상은 배산을 등산할 때에 제법 쏠쏠한 재미로 작용한다. 이곳에서 벌어졌을지도 모를 거칠산국과 신라의 전투가 생생하게 그려지기 때문이다. 이것만으로도 상상은 충분히 제 몫을 다 한 것이다.

한편 거칠산국인들이 거주하던 지역은 어느 정도 윤곽이 드러났다. 배산의 정상에서 북쪽 약 2km 거리에 떨어진 곳, 즉 광역철도 동해선 동래역 인근에는 동래패총이 있다. 패총(貝塚)이란 원시인이 먹고 버린 조개껍데기가 쌓인 곳을 뜻한다. 동래패총 일대는 부산에서 보기 드문 넓은 평지다. 게다가 온천천이 지척에 흐른다. 즉 동래패총 일대는 사람이 살기에 적합한 곳이다. 현대인보다 훨씬 자연환경에 민감했을 과거인들이 이런 곳을 놓쳤을 리 없다. 동래패총의 가장 아래 지층면에서는 조개껍데기나 동물의 뼈 등을 발견했다. 수렵 시대의 흔적이다. 그런데 동래패총의 최근 지층면에서는 철로 만든 무기와 농기구를 발견했다. 그리고 무엇보다도 녹았다가 굳은 철을 발견했다. 이곳에서 철을 생산했다는 뜻이다. 이 흔적은 거칠산국의 것으로 추정한다. 그런데 동래패총과 멀지 않는 곳에 있는 내성 유적에서는 일본의 야요이식 토기를 발굴했다. 일본과 교류한 흔적이다. 따라서 거칠산국은 어쩌면 직접 철을 생산하여 무기와 농기구를 만들고 이를 바다 건너 일본 세력과 교환했던 생각보다 강력한 세력이었을 수도 있다.

거칠산국인들이 거주했던 온천천 일대, 뒤로 보이는 산은 장산

내가 상상하는 거칠산국의 시작과 끝

이제 상상의 조각들을 모아 거칠산국의 실체를 상상해 보자. 고대사의 진짜 재미는 배움이 아니다. 배움을 토대로 한 상상이다. 전문가가 아닌 우리는 역사의 실체를 온전히 파악하기 어렵다. 그러나 전문가들이 찾아낸 증거들을 주춧돌로 삼아 그 위에 상상의 기둥과 지붕을 덧입힐 수는 있다. 즉 최종적인 집의 모습은 우리의 상상에 달려 있다. 간혹 자신의 상상이 훗날에 밝혀질 역사의 실체와 다를 것을 두려워하여 상상하지 않는 사람도 있다. 이는 대단히 잘못된 태도다. 증거에 입각한 상상은 진실 여부와는 상관없이 그 자체로 가치 있다. 이 또한 진실을 찾는 과정이기 때문이다. 드러난 역사의 실체와 내 상상이 다르다면 그때 진실을 겸허히 받아들이면 된다. 그러나 아직 역사의 실체가 온전히 드러나지 않았다면 증거에 입각한 상상을 마음껏 펼쳐도 좋다. 단언컨대 이보다 역사 문화를 올바르게 향유하는 방법은 없다. 상상은 먼 옛날의 역사가 현실이 되어 지금을 사는 나와 소통하는 최고의 방법이기 때문이다. 역사는 결코 학자들의 성역이 아니다. 틀린 상상보다 더 큰 문제는 틀릴 것을 염려하여 상상조차 하지 않는 태도다.

빙하기가 끝나고 해수면이 상승한다. 우리가 사는 이 땅은 삼면이 바다로 둘러싸인 반도의 모습을 갖춘다. 그리고 현재의 부산은 한반도의 동남쪽 땅끝이 된다. 이 땅에는 수많은 석기인이 있었다. 석기인들을 이곳저곳을 떠돌아다니며 수렵 생활을 한다. 그러다 우연히 식물을 직접 길러보자는 생각을 한다. 이때부터 석기인들은 내륙에 모여 살기 시작한다. 농업이 발달하자 인구가 폭발적으로 늘어난다. 씨족 내부에서 혹은 씨족 간에 갈등이 생긴다. 갈등은 폭력 사태로 이어진다. 여기저기서 동맹과 배신이 난무한다. 한반도는 아수라장으로 돌변한다. 그렇게 권력의 균형이 잡혀간다.

고조선이 건국될 무렵, 한반도 북부와 만주에서 청동기 무기가 등장한다. 청동기인들은 한반도로 남하한다. 게 중 일부는 험난한 소백산맥을 넘어 한반도 동남쪽 땅끝까지 도달한다. 이들이 한반도 동남쪽 땅끝까지 온 이유는 알 수 없다. 해가 뜨는 동쪽 혹은 따뜻한 남쪽을 향하던 것일 수도 있고, 새로운 땅을 탐험하던 것일 수도 있고, 세력 다툼에서 패하여 도망친 것일 수도 있다. 모종의 이유로 한반도 동남쪽 땅끝까지 도달한 청동기인들은 기나긴 여정을 끝내고 이 땅에 정착한다. 이후 토착민이었던 석기인들과 새로 유입된 청동기인들 사이에서 갈등이 생긴다. 청동기인들이 이 땅을 소유하려 했기 때문이다. 석기인들은 강력하게 저항한다. 하지만 최신식 청동기 무기에 기세가 꺾여 패한다. 그리하여 석기인들은 비참한 최후를 맞거나, 청동기 세력에 흡수되거나, 바다 건너 섬으로 도망한다. 청동기인들은 이 땅을 자신들의 영토로 천명한다. 그리고 여러 봉우리를 가진 커다란 산을 신성한 곳으로 삼는다. 이 산의 끄트머리에 있는 낮고 가파른 봉우리에는 성도 설치한다. 신성한 산에서 싸우면 절대 지지 않을 것이라고 믿은 것이다. 주변 세력들은 이들을 거칠산국 또는 내산국 또는 장산국이라고 부른다. 고조선이 멸망할 무렵, 중국 대륙에서 철기 무기를 가진 세력들이 한반도로 들어온다. 이후 철기 문화는 한반도 동남쪽 땅끝까지 전해진다. 거칠산국은 철기 문화를 흡수한다. 또한 철기를 만드는 방법도 터득한다. 강성해진 거칠산국은 승승장구하며 이 지역을 완벽하게 장악한다. 또한 바다 건너 일본 세력과도 교류한다.

거칠산국의 북쪽에는 우시산국(현 울산 울주군으로 추정)과 서라벌(현 경상북도 경주, 신라의 옛 이름)이 있었다. 이 중에서 서라벌은 해마다 거칠산국과 우시산국의 접경에서 말놀이를 했다. 서라벌의 위험천만한 말놀이가 매해 반복되자 거칠산국과 우시산국은 서서히 경계를 푼다. 그러던 어느 날 서라벌이 거칠산국과 우시산국을 급습한다. 서라벌의 장수 거도는 순식간에 거칠산국과 우시산국의 부족장들을 사로잡는다. 이렇게 두 나라는 멸망한다. 하지만 거칠산국의 주민들은 곧바로 부흥 운동을 일으킨다. 또한 전격적으로 낙동강 서쪽에 있는 가야 연맹에 합류한다. 서라벌과 금관가야는 서로 척을 지고 있었기 때문이다. 이후 서라벌은 거칠산국을 함부로 침공하지 못한다.

긴 세월이 흐른다. 그간 고구려, 백제, 신라는 중앙 집권 국가로 성장한다. 삼국 중에서 가장 약한 나라는 신라였다. 신라는 고구려의 속국이나 다름없었다. 하지만 가야 연맹은 신라를 상대하기도 버거웠다. 신라와 영토를 맞닿고 있던 거칠산국은 더욱더 국방력을 증대한다. 이때 백제가 가야 연맹에게 뜻밖의 제안을 한다. 함께 신라를 공격하자는 제안이었다. 이리하여 결성된 백제·가야·일본 연합군은 순식간에 신라의 수도까지 진격한다. 신라는 다급히 고구려에 원군을 요청한다. 고구려는 곧바로 5만 군대를 보내 백제·가야·일본 연합군을 박살 낸다. 그리고 낙동강을 따라 남하한다. 이참에 한반도 남부를 완전히 장악할 목적이었다. 고구려·신라 연합군은 가야 연맹의 우두머리였던 금관가야를 필두로 일대의 소국들을 하나씩 하나씩 무너뜨린다. 그리고 마침내 거칠산국까지 도달한다. 거칠산국은 현재의 배산성으로 들어가 최후의 항전을 펼친다. 하지만 요동까지 정벌한 고구려와 이 일대의 지리를 잘 아는 신라의 연합군을 막지 못하여 끝내 멸망한다. 고구려는 거칠산국의 지도층과 백성들을 대거 포로로 잡아가 부활의 싹을 잘라 버린다. 이렇게 거칠산국은 역사 속으로 사라진다. 신라는 이 땅을 흡수하여 신라 거칠산군(郡)으로 개편한다.

이것이 내가 상상하는 거칠산국의 시작과 끝이다. 앞서 언급했듯이 나는 정답을 알지 못한다. 따라서 내 상상은 역사의 실체와 상이할 가능성이 높다. 그런데도 이렇게 긴 상상을 주절주절 내뱉은 까닭은 당신도 나처럼 상상의 대열에 동참하길 바라서다. 내 상상을 읽고 그저 고개를 끄덕이기보다는 내 상상을 반박하길 바란다. 그렇게 여러 상상이 쌓이다 보면 역사는 실체를 드러내기 마련이다.

거칠산국의 흔적, 복천동 고분군

거칠산국은 지금으로부터 약 1,600년 전인 400년경에 멸망한 것으로 추정한다. 1,600년이란 시간을 어떻게 표현할 수 있을까. 10년마다 바뀐다는 강산이 160번 바뀌는 시간이고, 한 세대를 30년으로 가정할 때 무려 54세대를 거쳐야 닿을 수 있는 시간이다. 그만큼 거칠산국은 먼 옛날에 멸망했다. 하지만 거칠산국의 흔적은 여전히 남아 있다. 지명(地名)으로 보자면 앞에서도 언급했던 동래가 거칠산국의 흔적이다. 또 현재 부산 동래구의 행정 구역인 칠산동(漆山洞)의 유래

동래읍성 북장대에서 바라본 복천동 고분군,
네모나게 심어진 회양목들과 UFO처럼 생긴 야외전시장이 보인다.

가 거칠산국이라는 주장도 있다. 눈으로 볼 수 있는 흔적도 있다. 앞에서도 언급했던 배산과 동래패총은 분명 거칠산국의 흔적이다. 다만 두 곳을 관광지로 소개하기는 어렵다. 막상 가보면 볼 게 없다는 뜻이다. 일부에서는 배산의 북쪽 기슭에 있는 연산동 고분군을 거칠산국의 흔적으로 보기도 한다. 하지만 연산동 고분군은 거칠산국이 멸망할 즈음부터 조영된 것이어서 온전한 거칠산국의 흔적이라고 말하기는 어렵다.

그런데 거칠산국의 흔적이 고스란히 남아있고 또 관광지로도 잘 개발한 곳이 하나 있다. 바로 복천동 고분군이다. 복천동 고분군이란 복천동 일대의 고분(古墳), 즉 오래된 무덤들이 밀집된 곳을 뜻한다. 이 무덤들을 거칠산국의 것으로 보는 까닭은 두 가지이다. 첫째로 이곳은 동래패총과 불과 1km 떨어져 있다. 거칠산국인들의 하루 생활권 반경에 넉넉히 포함된다는 뜻이다. 둘째로 이곳에서 발굴한 유적들로 보아 이 무덤들은 4세기부터 5세기까지 집중 조영된 것으로 본다. 이 시기는 거칠산국이 활발하게 활동하던 시기와 일치한다. 따라서 복천동 고분군은 거칠산국의 지도층이 묻힌 집단 묘지일 가능성이 높다. 복천동 고분군에서는 180여 기의 유구(옛 건축 구조나 양식을 알 수 있는 흔적)와 1만여 점의 유물이 출토됐다. 출토품 중에는 유독 철로 만든 무기와 갑옷이 많았다. 그만큼 혼란한 시대를 살았다는 증거다.

복천동 고분군 앞에는 이곳에서 출토한 유적들을 전시하는 복천박물관이 있다. 참고로 복천박물관은 우리나라 최초로 유적을 발굴한 자리에 세운 박물관이다. 복천동 고분군은 현재 복천박물관의 고분공원으로 활용되고 있다. 생소한 고분 너머로 익숙한 도시의 모습이 펼쳐진 고분공원의 전경은 낯선 듯 친숙하다. 이곳에서 가장 눈에 띄는 두 가지가 있는데, 하나는 푸른 언덕(사실은 무덤) 위에 네모나게 심어진 회양목이고 다른 하나는 UFO처럼 생긴 야외전시장이다. 야외전시장은 발굴 당시의 무덤 속 상황을 재현한 공간이다. 전시장 내부로 들어가면 시신을 안치했던 자리와 그 주변에 놓인 각종 유물들을 확인할 수 있다. 이러한 과정을 거쳐 모든 발굴을 끝낸 무덤의 실제 자리에는 표식을 남겼다. 이 표식이 바로 푸른 언덕 위에 네모나게 심어진 회양목이다. 회양목의 크기와 모양이 모두 제각각인 것도 무덤의 실제 크기와 모양대로 회양목을 심었기 때문이다.

복천동 고분군에서는 순장의 흔적도 발견했다. 순장이란 높은 계급의 사람이 죽어 장사할 때에 고인의 사후 명복을 빌기 위해 산 사람을 함께 묻는 것이다. 대부분의 순장자는 살아생전 고인과 함께 지낸 종들이었다. 하지만 간혹 고인과는 아무런 관련도 없는 사람이 순장을 자진하는 경우도 있었다고 한다. 현대인의 상식으로는 받아들이기 힘들다. 물론 평화의 시대를 살아가는 우리의 잣대로 그들을 평가해선 안 된다. 과거에 당연했던 것들이 현대에는 당연하지 않을 수도 있고, 현대에 당연한 것들이 미래에는 당연하지 않을 수도 있다. 따라서 우리는 순장 제도를 굳이 정당화할 필요도 없고 비난할 필요도 없이 그저 사실 자체로 받아들이면 된다. 그럼에도 나는 고분공원을 거닐 때마다 왠지 모를 먹먹함을 느낀다. 지극히 평화로워 보이는 이곳이 과거에는 죽음을 원치 않았던 순장자들의 절규로 가득 찬 곳이었다는 사실을 인식했기 때문일 것이다. 나는 아직 이 먹먹함을 해소할 방법을 찾지 못했다.

불그스름한 하늘을 머리에 인 복천동 고분군

해질녘의 고분공원은 유독 아름답다. 불그스름해진 하늘을 머리에 이고 낯선 듯 친숙한 고분공원을 걷다 보면 마치 그 시절 거칠산국인들을 만날 것 같은 이상하고 오묘한 감정에 빠진다. 만약 그들이 시간을 건너 지금에 닿는다면 무슨 생각을 할까. 자신과 가족들이 살던 곳 또는 자신의 흔적이 남은 곳들을 둘러보며 지극히 평범한 추억들을 회상하지 않을까. 부산의 깊숙한 곳에는 우리와 크게 다르지 않았으나 우리와 너무나도 다른 삶을 살아야만 했던 거칠산국인들의 한평생이 묻혀 있다.

한반도 병합 전쟁

거칠산에서 동래로

5세기 한반도 배경

당사자들이 들으면 섭섭하겠지만 거칠산국의 멸망은 사실 그리 비중 있는 사건이 아니다. 거대한 역사의 흐름에서 일어난 사소한 사건이다. 거칠산국의 멸망이 주목받지 못한 까닭은 이 지역의 지정학적 위치 때문이다. 당대 사람들은 한반도와 중국 대륙을 하나의 세계로 이해했다. 이 세계에서 거칠산국은 동쪽 끄트머리에 치우쳐 있다. 외곽 중의 외곽인 것이다. 중심에서 벗어난 곳은 주목받지 못한다. 현재 부산이라고 불리는 이 땅은 거칠산국이 한창 위세를 떨칠 때도 주목받지 못했고, 거칠산국이 멸망한 후에도 주목받지 못했으며, 심지어 신라 시대와 고려 시대까지도 주목을 받지 못한다. 이 때까지도 사람들은 한반도와 중국 대륙만을 하나의 세계라고 이해했기 때문이다. 그리하여 이 도시의 역사는 거칠산국이 멸망한 이후 무려 천 년의 역사 공백기를 가진다. 하지만 그 사이에 아무런 변화가 없었던 것은 아니다. 신라가 한반도 중남부를 병합한 이후 거칠산은 동래라는 이름과 함께 새 시대를 맞이한다. 따라서 한반도 병합 전쟁은 부산의 역사에서 커다란 전환점이라고 할 수 있다. 그런데 한반도 병합 전쟁은 부산 뿐만 아니라 우리 민족에게도 매우 중요한 전환점이다. 한반도 병합 전쟁을 거치면서 마침내 한(韓)민족이라는 개념이 생겨났기 때문이다. 지금부터는 우리 역사상 가장 긴박하고 복잡한 상황이 전개됐던 7세기의 한반도 병합 전쟁 과정을 살펴보고 그로 인하여 거칠산은 어떤 변화를 겪었는지를 살펴보자.

7세기 한반도 병합 전쟁의 주요 전투지

백제와 신라의 대립

백제와 신라가 대립한 배경부터 살펴보자. 거칠산국이 한창 신라에 대항하고 있을 때인 371년, 백제 근초고왕은 고구려의 임진강 유역을 뺏은 후 평양성까지 공격한다. 이때 고구려 고국원왕이 전사한다. 고구려는 백제에 대한 보복을 다짐한다. 392년 고구려 광개토대왕은 백제에 뺏겼던 임진강 유역을 되찾는다. 이로써 백제는 수도 한성(현 서울시)의 위협을 받는다. 백제 아신왕은 임진강 유역을 회복하기 위해 부단히 애쓴다. 하지만 396년 되레 고구려의 기습을 받아 수도 한성을 포위당한다. 결국 백제는 고구려에 무릎 꿇는다. 하지만 아신왕은 포기하지 않는다. 아신왕은 백제, 가야, 신라, 일본 세력이 함께 고구려를 공격한다는 엄청난 계획을 세운다. 그런데 신라가 백제의 제안을 거절한다. 신라는 진즉 고구려에 항복했었기 때문이다. 그러자 백제는 400년에 가야, 일본 세력과 연합하여 신라를 공격한다. 신라는 다급히 고구려에 출병을 요청한다. 고구려 광개토대왕은 5만의 군대를 보내 백제·가야·일본 연합군을 쳐부순다. 그리고 계속 남하하여 가야의 맹주인 금관가야까지 박살 낸다. 나는 이때 거칠산국이 멸망했다고 생각한다. 이제 신라는 고구려의 완전한 속국으로 전락한다. 백제도 고구려에 항복한다. 그런데 광개토대왕이 불과 39세의 나이로 병사한다. 이후 고구려 곳곳에서 반란이 일어난다. 신라도 고구려로부터 독립한다. 고구려가 채운 목줄을 끊은 것이다. 얼마 후 고구려는 안정을 되찾는다. 고구려 장수왕은 수도를 국내성에서 평양성으로, 즉 남쪽으로 옮긴 후 국호를 고려로 바꾼다. 일부에서는 광개토대왕 때부터 고려라는 국호를 사용했다고 주장한다. 진실은 알 수 없지만 이때의 고려는 훗날 왕건이 세운 고려와 구분하기 위해 편의상 고구려라고 부른다. 이제 백제와 신라가 상당한 압박을 받는다. 고구려가 더욱 강력한 남하 정책을 펼칠 것이 분명했기 때문이다. 그리하여 백제와 신라는 나제동맹을 맺는다. 세월이 흘러 551년, 나제연합군은 고구려에게 빼앗겼던 한강 유역을 되찾는다. 그런데 2년 후인 553년 신라가 백제 몫이었던 한강 하류를 뺏는다. 분노한 백제는 신라를 공격하지만 되레 큰 피해를 입는다. 이 과정에서 백제 성왕이 전사한다. 신라는 성왕의 머리를 베어 왕궁 계단 밑에 묻고 성왕의 몸통만을 백제에 내어줬다고 전해진다. 백제는 와신상담하여 국력 회복에 힘쓴다. 약 90년이 흘러 642년, 백제 의자왕은 마침내 신라를 공격한다. 백제는 서라벌 방어의 요충지였던 대야성(현 경상남도 합천군)과 40여 개 성을 뺏는다. 그런데 하필 대야성을 지키던 이가 훗날 신라 무열왕이 되는 김춘추의 사위였다. 백제는 김춘추의 딸과 사위의 목을 베어 감옥 바닥에 묻었다고 전해진다. 김춘추는 피의 복수를 다짐한다. 이렇게 두 나라의 관계는 파국으로 치닫는다.

고구려와 중국 나라들의 대립

고구려는 만주(현 중국 동북 3성) 일대의 최강국이었다. 중국은 4세기부터 6세기까지 일명 위진남북조 시대를 겪으며 분열해 있었다. 이 틈에 고구려는 만주 일대를 모두 장악했다. 그런데 수(隋)가 중국을 통일하면서 상황이 급변한다. 이제 주변의 모든 나라는 고구려가 아닌 수에 고개를 숙인다. 하지만 고구려 영양왕만은 수에 고개를 숙이지 않는다. 심지어 수를 선제 공격한다. 이리하여 고구려와 수의 본격적인 전쟁이 시작한다. 고구려군은 요서(요하강의 서쪽)에서 수의 30만 군대를 몰살한다. 큰 충격을 받은 수는 612년 무려 100만 명이 넘는 대병력을 동원하여 고구려를 재침공한다. 100만 명 이상을 동원한 전쟁은 극히 드물다. 이 전쟁 이후로 100만 명 이상을 동원한 전쟁은 1914년 발발한 1차 세계대전이 처음이다. 수가 고구려 정벌에 국운을 걸었다고 해도 과언이 아닌 것이다. 그런데 수는 요동(요하강의 동쪽)에 있는 요동성 하나도 점령하지 못한다. 조급해진 수는 30만의 별동대를 긴급 편성한다. 별동대는 고구려의 앞선 성들을 점령하지 않은 채 곧장 수도 평양성으로 진격한다. 그리하여 간신히 평양성에 도착하지만 심각한 보급 문제 탓에 즉시 퇴각한다. 고구려군은 이들을 뒤쫓아 살수에서 몰살한다. 이후 수 곳곳에서 쿠데타가 일어난다. 결국 수는 멸망하고 당(唐)이 등장한다. 당은 고구려의 강함을 알고 있었다. 하지만 그렇다고 해서 고구려를 마냥 내버려 둘 순 없었다. 그리하여 당도 고구려를 침공한다. 645년 당은 요동에 있는 고구려의 최전선 성들, 일명 천리장성을 하나씩 하나씩 공격한다. 고구려는 최정예 부대를 보내어 당군을 막는다. 양군은 안시성에서 최후의 결전을 펼치는데, 여기서 당군이 치명적인 대패를 당하여 후퇴한다. 일각에서는 고구려군이 도망하는 당군을 뒤쫓아 요서에서 섬멸했다고 주장한다. 어찌 됐든 당의 고구려 정벌 계획은 이렇게 물거품이 되는 듯했다.

나당연합군의 백제 침공

이때 당 조정에 뜻밖의 인물이 나타난다. 바로 백제를 향한 복수심에 불타오르던 김춘추다. 잠시 고구려와 당의 전쟁 전으로 돌아가 보자. 이 무렵 신라는 백제의 공격에 한껏 움츠려들어 있었다. 그리하여 자신들과 함께 백제를 공격할 동맹국을 찾아 나선다. 하지만 고구려도, 일본 세력도, 당도 신라의 제안을 거절한다. 고구려와 당은 신라의 도움이 필요 없다고 판단했고, 일본 세력은 굳이 백제와 척을 질 필요가 없었다. 신라는 좌절한다. 하지만 이대로 포기할 순 없었다. 그리하여 김춘추가 직접 당으로 건너간다. 그리고 때마침 고구려와의 전쟁에서 간신히 목숨을 부지하여 돌아온 당 황제는 김춘추를 극진히 대접한다. 여기서 김춘추는 동맹을 제안한다. 당은 신라가 제안하는 백제 침공을 선뜻 받아들인다. 당은 백제를 괘씸히 여기고 있었는데, 백제가 고구려의 후미를 공격하겠다는 약속을 지키지 않았었기 때문이다. 이리하여 두 나라는 나당동맹을 체결한다. 얼마 후 김춘추는 신라 무열왕으로 즉위한다. 660년 나당연합군은 마침내 백제를 침공한다.

나당연합군의 작전은 백제의 수도 함락이었다. 수도 사비성(현 충청남도 부여군)만 함락하면 백제는 곧장 멸망한다고 판단했다. 그리하여 당은 13만 병력을 배에 싣고 서해를 가로질러 백강(현 금강)에 상륙한다. 서해를 가로지르는 것은 당시로서는 상상하기도 힘든 전략이었다. 과거의 모든 전함(戰艦)은 육지와 멀리 떨어지지 않은 바다에서 해안선을 눈으로 확인하며 안전하게 항해했다. 상선(商船)처럼 장거리 항해에 특화한 선박이 아니었기 때문이다. 기존 상식대로라면 당군은 산둥 반도에서 요동 반도로 건넌 후 한반도의 서해안을 따라 백제까지 내려와야 했다. 무려 천 년 후에 벌어지는 임진왜란 때도 이와 같은 전략을 사용하니 당군의 전략 실행력은 실로 놀랍다. 한편 신라도 황산벌(현 충청남도 논산시)로 진격한다. 허를 찔린 백제는 황급히 전국에 동원력을 내리고, 신라 방면에 배치했던 2만의 최정예 부대를 백강으로 보내 당군을 막게 하고, 계백과 5천 군대를 황산벌로 보내 신라군을 막게 한다. 하지만 백제의 결사대는 모두 전멸한다. 나당연합군은 곧장 사비성을 공격해 함락한다. 백제 의자왕은 간신히 웅진성(현 충청남도 공주시)으로 대피한 후 안정적인 방어선을 구축한다. 그리하여 나당연합군이 되레 고착 상태에 빠진다. 그런데 웅진성에 있던 백제의 신하가 의자왕을 사로잡고는 당군에 바치며 항복한다. 당군은 백제의 의자왕, 태자 부여융, 왕족 및 신하들, 주민들을 대거 당으로 압송한다. 또한 웅진성에 웅진도독부를 설치하여 백제 땅을 당의 영토로 흡수한다. 이렇게 백제는 멸망하는 듯했다. 하지만 이듬해인 661년 백제 부흥 운동이 일어난다. 백제 부흥군은 당군과 신라군을 잇따라 격파하여 옛 영토 대부분을 회복한다. 얼마 후 신라 무열왕이 사망한다. 당은 신라에 고구려 침공을 재촉한다. 그리하여 나당연합군은 고구려를 침공하려는데, 이를 눈치 챈 백제 부흥군이 움직이려 한다. 결국 신라군은 백제 부흥군을 상대하고 당군은 또다시 단독으로 고구려를 재침공한다.

백제와 고구려의 멸망

661년 당은 50만 병력을 동원하여 고구려를 재침공한다. 그리고 이번에는 수륙병진 작전을 구사한다. 즉 일부 병력은 이전처럼 육로를 통해 요동으로 진격하고 대부분 병력은 서해를 가로질러 고구려의 수도 평양성을 공격한다. 고구려의 최정예 부대는 모두 요동에 있었다. 그리하여 평양성은 최정예 부대 없이 당의 최정예 부대와 맞서 싸우는 최악의 상태에 빠진다. 그런데 당에서 쿠데타가 일어난다. 평양성을 포위한 당의 최정예 부대는 앞뒤 가리지 않고 철수한다. 평양에도 일부 당군이 남지만 이들은 고구려군의 공격을 받아 대패한다. 당은 신라에 긴급 식량 지원을 요청한다. 고구려 영토에 갇힌 당군을 살리려는 심산이었다. 그리하여 67세의 노장 김유신이 고구려로 진격한다. 신라군은 고립된 당군에 보급품을 전달하고 쫓아오는 고구려군에 역습을 가한 후 유유히 고구려를 탈출한다. 당군도 간신히 고구려를 빠져 나간다. 이리하여 당의 고구려 정벌은 또다시 실패한다.

한편 백제 땅에 고립된 웅진도독부는 철수를 고려한다. 웅진도독부의 철수는 곧 백제 부흥 운동의 성공을 의미한다. 승기를 잡은 백제 부흥군은 부여풍을 왕으로 추대한다. 부여풍은 오래전 일본으로 건너갔던 의자왕의 또 다른 아들이다. 662년 부여풍은 일본군과 함께 금의환향한다. 그런데 이듬해인 663년 백제 부흥군 내부에서 권력 다툼이 일어난다. 부여풍은 백제 부흥군의 유력 지도자를 죽인 후 실세를 잡는다. 이에 백제 부흥군은 뿔뿔이 흩어진다. 일부는 당에 투항하기도 한다. 이 틈에 나당연합군이 공격해 온다. 백제 멸망 당시 당으로 압송됐던 옛 백제의 태자 부여융은 당군의 일원으로 백제 부흥군 토벌에 참여한다. 백제·일본 연합군은 백강에서 나당연합군과 최후의 결전을 펼치지만 완패한다. 이로써 성공 직전까지 갔던 백제 부흥 운동은 실패한다.

일련의 사단이 일어나는 동안 고구려는 내부 갈등을 겪은 듯하다. 신채호의 〈조선상고사〉에 따르면 657년 연남생은 아버지인 연개소문의 권력을 이어받는다. 그런데 665년 연남생이 평양성을 비운 사이 그의 동생 연남건과 연남산이 쿠데타를 일으킨다. 그리하여 연남생은 국내성으로 피신하고 연남건과 연남산은 국내성으로 토벌군을 보낸다. 다급해진 연남생은 자신을 지지하는 북방 세력과 함께 당으로 투항한다. 얼마 후 연개소문의 동생 연정토도 자신의 세력을 이끌고 신라에 투항한다. 고구려가 사분오열하자 나당연합군이 공격해 온다. 연남생은 천남생이라는 새로운 이름을 받은 후 고구려 침공의 길라잡이가 된다.

668년 나당연합군이 평양성을 포위한다. 전의를 상실한 연남산과 보장왕은 성 밖으로 나가 항복한다. 오직 연남건만이 결사 항전하지만 끝내 포로가 된다. 일찍이 고구려로 망명했던 부여풍도 사로잡힌다. 당은 평양성에 안동도호부를 설치한 후 고구려를 자신들의 영토로 흡수한다.

최후의 승자 신라

잠시 나당동맹 체결 전으로 돌아가 보자. 신라와 당은 추후 대동강을 경계로 한 영토 배분에 합의했었다. 하지만 당은 내심 한반도 전체를 욕심냈다. 신라도 이 사실을 익히 알고 있었다. 하지만 아직 때가 이르다고 판단하여 아무런 행동을 취하지 않았다. 신라는 백제와 고구려를 모두 멸망시킨 이후 비로소 행동을 개시한다.

670년 신라는 고구려 부흥 운동을 지원한다. 당은 최후까지 항전했던 고구려 유민들을 당으로 강제 이주 시켰는데, 이에 반발한 고구려 유민들이 부흥 운동을 벌이고 있었다. 신라는 고구려 부흥군에게 일부 병력을 보내어 함께 요동을 공격하도록 하고 주력 부대는 웅진도독부를 포함한 옛 백제 땅 전역을 공격한다. 이듬해인 671년 신라는 백제 땅 대부분을 회복한다. 불과 1년 만에 백제 땅 대부분을 회복한 것으로 보아 백제 유민들이 신라를 지원한 듯하다. 고구려, 백제, 신라가 힘을 합쳐 외세를 물리쳤으니 우리 민족의 시작이라고 해도 과언이 아니다. 한편 당은 토번(현 티베트)과 전쟁 중이었다. 주력군을 신라로 빼낼 수 없는 상황이었다. 그리하여 말갈족을 요동으로 보내 신라를 공격하도록 한다. 또한 당 수군은 서해를 가로질러 신라를 공격하도록 한다. 신라는 서해 방어에는 성공한다. 하지만 요동 방어에 실패하여 황해도까지 밀린다. 그리하여 이번에는 최정예 부대를 황해도로 보내는데, 여기서 말갈족에 치명적인 대패를 당한다. 다급해진 신라는 당에 사죄사절단을 파견하여 휴전을 요청한다. 당은 선뜻 신라의 제안을 받아들인다. 이는 당의 정치적

계산에 의한 결정이었는데, 당시 당은 말갈족에 원활한 보급을 지원하지 못하고 있었다. 뿐만 아니라 당은 말갈족이 신라를 멸망시키는 것을 원치 않았다. 혹을 떼려다 더 큰 혹을 다는 꼴이 될 수도 있었기 때문이었다.

당군이 진격을 멈춘 사이 신라는 임진강에 단단한 방어선을 구축한다. 이후 당도 20만 대군을 임진강으로 파견한다. 그 사이 고구려 부흥군은 와해한다. 이 또한 권력 다툼으로 시작된 와해였다. 신라는 고구려의 왕족이었던 안승을 고구려 왕으로 인정하고 금마저(현 전라북도 익산시)에 보덕국이라는 괴뢰국가를 세워준다. 보덕국은 10년도 못 가 사라진다. 이후 당군은 임진강 돌파를 시도한다. 하지만 매소성(현 경기도 연천군) 일대를 방어하던 신라군에 치명적인 패배를 당한다. 매소성전투 이후 당은 대동강 이남을 포기한다. 676년 신라는 기벌포(현 충청남도 서천군 장항읍)에서 당과 최후의 일전을 펼치는데, 이마저도 대승을 거둔다. 이로써 신라는 고조선이 멸망한 기원전 108년부터 약 800년 간 이어진 한반도의 난세에 종지부를 찍는다. 한편 대동강 이북의 땅은 애매모호한 지역으로 전락한다. 당이 이곳을 완벽하게 장악하지 못했다는 뜻이다. 신라도 대동강 이북을 차지하려 하지 않는다. 이 땅을 쟁취하여 얻을 이익보다 당을 자극하여 받을 피해가 더 크다고 판단했기 때문이다. 결국 이 땅은 698년 고구려의 후예를 자처한 발해가 차지한다.

신라에 대한 역사의 평가

나당동맹은 역사에 길이 남을 성공을 거둔 전략적 선택이다. 신라의 철천지원수였던 백제와 당의 골칫거리였던 고구려를 모두 멸망시켰기 때문이다. 하지만 현대인들은 대부분 신라를 좋아하지 않는다. 심지어 '신라가 아닌 고구려였다면'이라는 상상을 하는 사람도 많다. 신라가 미움받는 까닭은 크게 두 가지인데, 첫째는 외세를 끌어들여 민족 국가를 멸망시켰기 때문이고 둘째는 고구려의 광활했던 영토를 포기했기 때문이다. 하지만 신라에게도 변명거리는 있다. 신라에게 나당동맹은 생존 그 자체였다. 나당동맹을 체결하지 않았다면 신라는 백제에 멸망했을 것이다. 또한 신라는 고구려의 광활했던 영토 전부를 흡수하여 관리할 능력이 없었다. 정복한다고 해서 내 영토가 되는 것은 아니다. 한 지역을 정복하기 위해서는 단순히 전쟁에서 승리하면 되지만 정복한 지역을 내 영토로 만들기 위해서는 수많은 노력이 필요하다. 일단 군대를 주둔시켜야 하고, 반란의 소지가 있는 유민들을 다른 곳으로 이주시켜야 하고, 빈 땅이 되지 않도록 인구를 투입해야 하고, 이곳 주민들이 소외되지 않도록 항상 신경 써야 하고, 각종 행정 업무에 필요한 관리를 지속적으로 파견해야 하고, 이러한 과정을 짧게는 수십 년에서 길게는 수백 년까지 지속해야 한다. 그래야만 진정한 내 영토가 된다. 그런데 갑자기 팽창한 신라는 그럴 능력과 인력이 모두 부족했다. 그리하여 어차피 관리하지도 못할 고구려 영토를 나당동맹의 협상 카드로 사용한 것이다. 그러나 이 모든 상황을 고려한다 하더라도 신라의 선택은 아쉽다. 신라는 너무 성급했다. 백제만 멸망시킬 수 있다면 무슨 일이든 하겠다라는 복수심에 눈이 멀었다. 그 대가는 약 1,400년이 지난 지금까지도 이어지는 원망이다.

그런데 이 상황은 현재에도 대입할 수 있다. 지금 이 시대는 신라·발해의 남북국시대에 이은 제2의 남북국시대다. 현재 우리는 각자가 사는 지역에 따라 자신을 고구려인, 백제인, 신라인으로 구분하지 않는다. 따라서 먼 미래에 통일된 한반도에서 살 우리 후손들도 자신을 한국인과 조선인으로 구분하지 않을 것이다. 당연히 두 나라에 대한 평가도 섭섭하리만큼 객관적일 것이다. 남북한은 이념 대립으로 갈라섰고 3년간의 내전을 치렀다. 내전 동안에는 외세를 동원하여 서로를 멸망시키려 했다. 이에 대한 후대의 평가는 결코 좋지 못할 것이다. 남한 입장에서는 상당히 억울하다. 한국전쟁은 분명 북한이 일으킨 전쟁이며 남한은 방어 차원에서 외세와 손잡았기 때문이다. 하지만 신라도 마찬가지였다. 생존을 위해 외세를 끌어들였던 신라가 지금까지도 비난받고 있듯이 우리도 후대의 비난을 피할 길은 없어 보인다. 그렇다면 앞으로의 선택은 어떠해야 할까. 북한은 분명 우리의 적이면서도 동시에 우리와 같은 민족이다. 우리 힘만으로 북한을 제압한다면 무슨 문제가 있겠냐마는 한반도의 지정학적 위치상 불가능하다. 한반도에서 전쟁이 벌어지면 외세는 반드시 개입한다. 따라서 남북한의 통합은 무력에 의한 것이 아니어야 한다. 이것만이 우리가 외세의 간섭 없이 통합할 수 있는 유일한 방법이다.

신라는 분명 고구려, 백제를 물리치고 한반도를 병합했다. 누가 뭐라 해도 역사의 승자다. 하지만 신라의 영광은 오래가지 못했다.

300여 년이 지난 후에도 고구려와 백제의 후예들이 들고일어났다. 결국 신라는 고구려의 후예에 항복했다. 그리하여 지금 세계는 우리를 신라가 아닌 고려(KOREA)라고 부른다. 그렇다면 역사의 진정한 승자는 고구려 아닐까.

거칠산에서 동래로

한반도에는 마침내 전쟁이 사라진다. 고조선이 멸망한 이후 약 800년 만에 맞이한 평화다. 하지만 평화의 시대는 곧장 도래하지 않는다. 백성들 간의 갈등은 여전했다. 생각해 보면 당연한 일이다. 말다툼한 친구와 화해하는 일도 쉽지 않은데 내 가족이나 친구, 사랑하는 사람을 죽였던 나라의 사람들과 화해하는 일은 상상하기도 어렵다. 신라는 오랜 전쟁으로 폐허가 된 국토를 회복하는 일도 시급했지만 백성들 간의 갈등을 봉합하는 일이 더더욱 시급했다.

신라가 최전성기를 구가하던 757년, 통합이라는 무거운 시대 과제를 안고 있던 경덕왕은 대단히 파격적인 정책을 시행한다. 일명 한화정책(漢化政策)이다. 한화정책은 언어를 통일한 정책이다. 이해하기 쉽게 예를 들자면 현대를 사는 우리 모두는 대통령을 대통령이라고 부른다. 그런데 만약 어떤 지역에서는 대통령을 단군이라고 부르고 또 어떤 지역에서는 대통령을 이사금이라고 부른다면 큰 혼선이 생길 것이다. 이로 인한 지역 갈등도 생길 것이다. 또한 우리 모두는 서울을 서울이라고 부른다. 그런데 만약 어떤 지역에서는 경주를 서울이라고 부르고 또 어떤 지역에서는 부여를 서울이라고 부른다면 큰 혼선이 생길 것이다. 이 또한 지역 갈등을 유발할 것이다. 경덕왕은 한반도 곳곳에 산재해 있던 언어의 혼선을 없애기 위해 신라의 모든 행정체제와 행정단위를 한자로 바꿔 통일시킨다. 이로써 전국 각지에 있던 우리 고유 지명들은 대부분 한자로 바뀌고, 설 자리를 잃은 우리 고유 지명들은 역사 속으로 사라진다. 이때 거칠산은 사라지고 비로소 동래(東萊)가 탄생한다.

거칠산의 새로운 이름인 동래(東萊)는 무슨 뜻일까. 동래의 뜻에 관한 세 가지 해석이 있다. 지금까지 가장 통용되어 온 해석은 거칠산의 황령산설을 토대로 한 해석이다. 즉 거칠산, 내산, 장산은 모두 '거친 산'이며 동래의 래(萊)는 거칠다는 뜻을 내포하므로 동래는 '동쪽의 거친 산'을 뜻한다는 해석이다. 또 다른 해석은 동래가 중국 전설 속에서 신선이 사는 세 개의 산 중 하나, 즉 동쪽 바다(東海)에 솟은 봉래산(蓬萊山)의 줄임말로 보는 해석이다. 이 해석이 옳다면 동래는 과거 중국 산둥 반도 일대에 존재했던 지명을 고스란히 베낀 이름이다. 마지막으로 부산대학교 이근열 교수는 2008년 발표한 논문 〈동래의 연원과 그 말밑〉에서 동래를 '새로운 내산'이라고 해석했다. 논문에 따르면 757년 경덕왕의 지명 개명에는 현지인들이 친숙하게 느낄 수 있는 이름을 짓는다는 원칙이 있었다. 이 원칙에 따라 새롭다는 뜻의 동(東)과 내산국에서 차용한 래(萊)를 합한 새로운 내산, 즉 동래가 탄생했다.

거칠산국은 '잣뫼'였던 배산에 성을 두었다. 그런데 배산의 동남쪽 방향에 있는 평지, 즉 현재의 도시철도 3호선 망미역 일대에서 또 다른 성의 흔적을 발견했다. 조사 결과 이곳에 설치했던 성은 읍성(邑

城)이며 성의 축성 시기는 다름 아닌 신라 경덕왕 때로 추정한다. 경덕왕은 이 도시의 새로운 이름을 짓고 나아가 신도시까지 건설한 입지전적 인물인 것이다. 이 성의 이름은 당연히 동래읍성이었다. 하지만 현대에 널리 알려진 동래읍성은 이 성이 아닌 고려 후기에 새로 쌓은 성을 지칭한다. 따라서 배산 일대에서 발견한 동래읍성은 동래고(古)읍성이라고 부른다. 동래고읍성은 신라 때부터 고려 말까지 약 600년 간 사용한 것으로 추정한다.

그런데 경덕왕은 왜 하필 읍성을 지었을까. 읍성은 백성들을 보호하기 위해 도시 전체를 성벽으로 둘러쌓은 성을 뜻한다. 백성들을 보호할 필요가 있었다는 것은 이곳이 적의 위협에 노출됐다는 뜻이다. 전쟁이 끝난 평화의 시대에 한반도 동남쪽 땅끝을 공격한 이들은 누구였을까. 이들은 다름 아닌 해적이었다. 신라는 끊임없이 출몰하는 해적들로부터 백성들을 보호하기 위해 읍성을 설치한 것이다. 추측건대 동래고읍성은 이곳 주민들, 즉 거칠산국인들의 후손들을 동원하여 쌓았을 것이다. 성을 쌓은 시기는 거칠산국이 멸망하고도 300여 년 후다. 하지만 성을 쌓을 시기에 이곳 주민들이 자신을 신라인이라고 여겼는지는 알 수 없다. 신라가 한반도 패권을 잡을 것이라고 예상한 사람은 거의 없었기에 이곳 주민들이 내심 거칠산국 혹은 가야의 부흥 운동을 꾀했을 가능성을 완전히 배제할 순 없다. 만약 이때까지도 이곳 주민들이 자신을 신라인이라고 여기지 않았었다면 동래고읍성은 이곳 주민들이 자신을 신라인이라고 믿게 만든 중요한 계기로 작용했을 것이다. 과거 거칠산국은 거주지와 성을 따로 두었다. 이럴 경우 사람들이 사는 거주지는 항상 적의 공격에 노출된다.

거칠산국인들은 매일 밤 불안에 떨며 잠을 청했을 것이다. 그런데 읍성 안으로 들어가면 성의 보호, 즉 국가의 보호를 받는다. 성안에서는 두 발 뻗고 맘 편히 잘 수 있다. 비록 이 일대의 모든 주민이 동래고읍성 안에서 살 순 없었겠지만 배산성과 동래고읍성이 함께 존재한다는 사실만으로도 이곳 주민들은 안심했을 것이다. 국가가 백성들을 보호하는 데 앞장서자 이곳 주민들은 국가에 대한 자부심을 가졌을 것이고 그리하여 자신을 신라인이라고 인정했을 것이다.

동래와 관련한 재밌는 기록

남북국시대부터 고려 말까지 동래가 어떤 변화를 겪었는지는 명확히 알 수 없다. 기록이 부족한 탓이다. 하지만 동래에 관한 기록이 전혀 없는 것은 아니다. 게 중에는 흥미로운 이야기도 몇몇 있어 소개하려 한다.

우선 남아 있는 기록들 중에서 대부분은 동래 온천에 관한 것이다. 동래 온천은 현재의 부산 동래구 온천동에 있었던 천연 온천이며 이곳은 동래고읍성에서 서북쪽 약 5km 부근 거리에 해당한다. 동래 온천은 우리나라에서 가장 오래되고 효험 있는 온천 중 하나였다고 전해진다. 그리하여 신라와 고려의 여러 왕들, 고위 관료들, 심지어 일본인들도 즐겨 찾는 곳이었고, 조선 시대와 일제강점기, 그리고 1970년대까지도 이 지역을 대표하는 휴양 시설로 각광 받는 곳이었다. 최근에는 온천을 즐기는 사람의 수가 줄고 있어 관심이 덜 하지만 이

신라 때부터 고려 말까지 동래의 주요 명소

지역에는 여전히 여러 온천 관련 시설들이 자리잡고 있다.

또 다른 이야기는 신라 말에 기록한 이야기다. 신라는 짧은 영광의 세월을 보낸 후 빠르게 붕괴한다. 신라의 멸망이 가시권에 들어설 무렵 태어난 인물이 있었으니 바로 최치원이다. 최치원은 12세에 당으로 유학을 떠나 18세에 당의 벼슬까지 한 천재 유학자다. 앞길 창창할 것 같던 최치원은 29세에 돌연 귀국한다. 당시 신라는 지배층의 무능과 부패로 몸살을 겪고 있었는데, 최치원은 당에서 체득한 능력을 바탕으로 조국을 개혁하려 했다. 하지만 신라는 골품제라는 엄격한 신분제를 가진 나라였다. 최치원의 신분은 고작 6두품, 능력을 발휘할 기회조차 잡을 수 없었다. 조국의 몰락을 그저 지켜볼 수밖에 없던 그는 결국 모든 벼슬을 버리고 전국을 떠도는 방랑자가 된다. 어느 날 최치원은 동래의 한 바닷가를 지나다 이곳의 더할 나위 없는 해안 절경에 매료된다. 그리하여 이곳에 머물다 가기로 결정하고 커다란 암반에 자신의 자(字)인 해운(海雲)을 따서 해운대(海雲臺)라는 글자를 새긴다. 이것이 부산 해운대의 유래다. 해운대를 굳이 해석하자면 최치원이 놀던 곳이라고 할 수 있다. 그런데 최치원은 해운과 고운(孤雲)이라는 두 가지 자(字)를 가졌다. 그가 자신의 자 중에서 굳이 해운을 새긴 까닭은 이곳이 바다였기 때문일 것이다. 만약 그가 암반에 새긴 글자가 해운이 아닌 고운있더라면 이곳은 고운대가 되지 않았을까. 참고로 자(字)는 본명보다 가볍게 부를 수 있지만 어느 정도의 격식도 갖춘 이름이고, 호(號)는 자(字)보다 더욱 가볍게 부를 수 있는 친근한 이름이다. 본명은 왕, 부모, 스승 정도만 부를 수 있는 이름이었다고 한다.

동백섬 정상에 있는 최치원 동상

동백섬의 누리마루 APEC하우스에서 바라본 광안대교. 자연과 인공의 절묘한 조화가 인상적이다.

최치원의 마음을 훔친 곳은 해운대 해수욕장 끝에 위치한 동백섬으로 추정한다. 천 년 전이나 지금이나 사람이 느끼는 감정은 비슷한가 보다. 동백섬은 현재 부산에서 가장 아름다운 해안 산책로가 있는 곳으로 알려져 있다. 동백섬이란 이름은 모두가 예상할 수 있듯이 동백꽃이 흐드러진 섬이라는 뜻이다. 하지만 지금 이 이름은 그야말로 유명무실하다. 과거 동백섬에는 동백나무가 너무 많아서 바닥에 떨어진 동백 꽃잎이 말발굽을 가릴 정도로 쌓였다고 한다. 하지만 지금 동백섬에는 동백나무보다 소나무가 훨씬 많다. 또 현재 동백섬은 섬이 아니다. 육지와 연결된 목섬(육계도)이다. 사실 해운대 해수욕장은 본래 강의 하구였다. 모래사장 한가운데로 대천(大川) 또는 한내(큰 하천의 우리말)라고 불리는 강이 관통했었다. 지금 이 강은 춘천(春川)이라고 불린다. 춘천은 긴 세월동안 끊임없이 흙모래를 내뱉었고 그리하여 동백섬은 육지와 연결됐다. 다만 그 시기는 알려지지 않는다. 1940년대에 이르러 춘천의 물줄기를 수영만 쪽으로 돌리는데, 이는 두 개로 쪼개진 모래사장을 하나로 연결하여 보다 많은 관광객을 유치하기 위해서였다. 흙모래의 유입이 끊긴 해운대 해수욕장은 현재 심각한 모래 유실 현상을 겪고 있다. 한편 현재 해운대구의 행정구역인 좌동, 우동, 중동은 모두 춘천의 좌측, 우측, 중앙에 위치한다고 하여 유래한 이름이다. 하지만 좌동과 우동의 한자는 일제강점기에 돕는다는 뜻의 좌(佐)와 우(佑)로 바뀌었다.

또 다른 이야기는 후삼국시대의 이야기다. 당시 신라는 지방을 장악할 힘이 없었다. 그리하여 전국 곳곳에서 쿠데타가 일어난다. 쿠데타 세력 중에서 가장 강력한 세력을 가졌던 인물들은 그 유명한 궁예와 견훤이다. 궁예는 한반도 중북부에 후고구려를 세운 왕이다. 하지만 그는 곧 폭군으로 전락하여 자신의 부하인 왕건에게 왕좌를 뺏긴다. 견훤은 현재의 전라도에 후백제를 세운 왕이다. 후백제는 점점 강성해졌고 급기야 신라의 수도까지 점령한다. 견훤은 신라 경애왕을 죽인 후 경순왕을 허수아비 왕으로 내세운다. 그리고 자신이 한반도 남부를 완전히 장악했다는 사실을 왕건에게 알리려 한다. 하지만 '내가 한반도 남부를 장악했다'라는 글을 적어 보내기엔 민망했던 듯하다. 견훤은 별다른 언급 없이 그저 절영도에서 자란 튼실한 말을 왕건에게 선물한다. 이 절영도가 바로 태종대, 깡깡이마을, 흰여울마을, 영도다리 등으로 알려진 현재의 부산 영도다. 영도는 절영도의 줄임말이다. 절영도는 신라 때부터 국가의 말을 키우던 목장 섬으로, 절영(絕影)은 이곳에서 기른 말이 너무 빨라서 그 그림자가 끊어져 보일 지경이라는 뜻이다. 그런데 견훤은 왕건에게 선물했던 절영도의 명마를 구차하게 되돌려 받는다. 왕건이 절영도의 명마를 가지고 있으면 후백제가 몰락한다는 점술사의 말을 믿었기 때문이다. 결국 견훤은 말을 돌려받지만 자신이 세웠던 경순왕은 자신이 아닌 왕건에게 항복하여 천 년의 나라 신라를 바친다.

절영도와 관련한 또 다른 이야기도 있다. 현재 부산 영도구의 끝자락에는 울창한 수목과 깎아지는 기암괴석으로 유명한 태종대 유원지가 있다. 태종대의 유래는 두 가지가 있다. 첫째는 신라 태종 무열왕이 이곳에서 종종 활쏘기 연습을 했다하여 유래한다는 설이고 둘째는 조선 태종이 이곳에서 기우제를 드렸다하여 유래한다는 설이다. 이후 동래의 관리들은 가뭄이 들 때마다 태종대에서 기우제를

태종대의 깎아지는 기괴암석 위에 세워진 전망대

드렸다고 한다.

마지막 이야기는 고려 시대의 이야기다. 고려 8대 왕인 현종 때에 정문도라는 사람이 있었다. 정문도의 가문인 동래 정씨는 대대로 동래에 살던 호족이었다. 잘 알려진 이야기지만 고려 시대에는 지방 호족의 힘이 강했다. 중앙 정부는 모든 지역에 관리를 파견할 수 없었으며 지방에서 큰 힘을 발휘하는 세력은 중앙 정부가 아닌 지방 호족들이었다. 따라서 정문도는 동래 지역에서 막강한 권력을 가졌던 인물로 추정한다. 세월이 흘러 정문도는 은퇴한다. 그리고 집의 곳간을 열어 가난한 백성들을 돕기 시작한다. 이후 정문도는 죽지만 그에게 은혜를 입은 백성들은 오래도록 정문도를 기억한다. 정문도의 묘는 현재 부산 부산진구 양정동 부근에 있는 화지산 기슭에 있었는데, 백성들은 이곳을 지날 때마다 묘에 고개를 숙여 예를 표한다. 말을 탄 사람도 말에서 내려 예를 표한 후 지나간다. 그리하여 이곳은 '말에서 내려 잠시 머무는 곳'이란 뜻의 하마정(下馬停)으로 불린다. 하마정이란 지명은 지금까지도 전해진다.

경인년 왜구

부산의 등장

악몽의 시작, 경인년 왜구

이제 시간은 고려 말로 넘어간다. 14세기 동아시아는 혼란스러웠다. 중국에서는 세계를 제패했던 몽골제국 원(元)과 한(漢)족의 부활을 천명한 명(明)이 충돌하고 있었고, 만주에서는 원명 교체기를 틈타 고개를 쳐든 북방 세력들이 한반도를 넘보고 있었고, 한반도에서는 고려가 북방 세력 견제와 반란 세력 처단에 힘 쏟는 한편 원과 명 사이에서 갈등하고 있었고, 일본에서는 스스로 천황이라고 주장하는 자들이 여럿 나타나 내전을 벌이고 있었다. 이것만으로도 혼란은 충분해 보였다. 하지만 이 모든 혼란을 송두리째 잠재울 더 큰 혼란이 다가오고 있었다.

경인년인 1350년 어느 날, 갑자기 어마어마한 규모의 왜구가 한반도에 나타난다. 이들은 일반적인 해적과는 달랐다. 보통 해적은 은밀하고 기습적으로 해안가에 상륙하여 재빠르게 약탈한 후 신속하게 도망한다. 즉 도망가는 상황을 고려하여 약탈한다. 하지만 경인년의 왜구들은 달랐다. 이들은 엄청나게 많은 선박을 끌고 나타나 바람이 닿는 곳에 자유롭게 상륙하여 배에 실을 수 있을 만큼 최대한 약탈한 후 유유자적 떠났다. 마치 적이 나타나면 맞서 싸우겠다는 것처럼 보였다. 고려는 긴급히 피해 지역에 군대를 보내지만 왜구는 이미 떠나고 난 뒤였다. 이후 한반도와 중국 대륙 심지어 동남아시아에서도 왜구로 인한 피해 사례가 속출한다. 14세기 동아시아에 끔찍한 악몽을 안겼던 경인년 왜구는 이렇게 시작됐다.

경인년 왜구가 창궐한 직접적인 원인은 일본 막부의 지배력 약화다. 앞서 언급했듯이 일본은 내전을 겪고 있었다. 당연히 중앙 정부의 장악력은 약해졌다. 이 틈에 여러 지방 영주들이 들고일어나 자신의 세력을 확장했다. 전쟁이 계속 되자 전쟁 물자가 부족해졌다. 이때 일본 규슈 지역의 한 영주가 기막힌 생각을 떠올린다. 바로 고려의 해안가를 약탈하여 전쟁 물자를 충당하자는 생각이었다. 이렇게 해서 생겨난 해적 집단은 말만 해적이었지 사실상 엄격한 체계를 갖춘 군대나 다름없었다. 이후 이들은 고려에서 상당한 '성공'을 거두고 돌아온다. 그리고 이 소문은 삽시간에 일본 전역으로 퍼진다. 일본 영주들은 너 나 할 것 없이 해적 집단을 만들기 시작한다. 경인년부터 시작된 일본의 해적질은 수십 년간이나 이어진다.

왜구는 빠르고 강했으며 그 수도 엄청나게 많았다. 왜구가 보유한 선박은 고려 수군이 보유한 모든 전함보다 훨씬 많았다. 그렇다면 고려 수군의 규모는 어느 정도였을까. 놀랍게도 고려는 사실상 수군이 없었다. 이전까지 고려의 주적은 거란과 몽골이었다. 이들은 유목 민족이었기 때문에 항상 내륙으로 처들어왔다. 따라서 고려는 수군을 보유할 필요가 없었다. 이런 상황에서 왜구가 창궐했으니 무슨 해결 방도가 있었을까. 고려는 긴급히 수군 병력을 늘리고 전함을 건조하는 한편 육지에서 왜구와 맞닥뜨리기 위해 애쓴다. 하지만 고려군은 육지에서도 왜구에 대패한다. 왜구가 펼치는 생소한 전략에 당한 것이다. 두려움에 떨던 해안가 주민들은 급기야 집을 포기하고 산속에 들어간다. 이렇게 한반도의 모든 해안가는 무인화된다. 그러자 왜구는 강을 타고 내륙 깊숙한 곳까지 진출한다. 왜구는 심지어 고려의 수도 개경을 노리기도 했다.

고려가 답답하게 느껴지겠지만 고려보다 더한 나라도 있었다. 바로 중국의 명이다. 왜구가 가장 많이 출현한 곳은 한반도였지만 왜구가 가장 좋아한 곳은 중국 대륙이었다. 소위 털 것 많은 곳이었기 때문이다. 왜구는 중국 대륙에 상륙한 후 하루 이틀도 아닌 무려 수 개월이나 약탈하여 일본으로 돌아갔다. 그 넓은 중국의 해안가를 온통 쑥대밭으로 만든 것이다. 그런데도 명은 별다른 대응을 하지 않는다. 그러자 왜구는 현재의 대만 섬을 점령하고는 시도 때도 없이 약탈을 일삼는다. 명은 마침내 현실을 직시하고는 왜구 격퇴에 엄청난 국력을 쏟아붓는다. 그리하여 끝끝내 왜구 격퇴에 성공한다. 하지만 이를 위해 너무나도 많은 국력을 쏟아부었다. 왜구는 명이 멸망한 원인 중 하나로 언급된다.

고려는 끊임없이 왜구와 싸웠다. 그리하여 마침내 왜구 공략법을 터득한다. 우리가 잘 아는 최영과 이성계는 왜구 격퇴에 엄청난 공을 세운 장군들이다. 화약을 개발한 최무선 역시 이 시대의 인물이다. 왜구와 관련한 가장 유명한 전투는 이성계의 황산대첩이다. 1380년 왜구는 왜선 무려 500척을 이끌고 금강으로 들어와 일대를 약탈한다. 고려군은 왜구가 약탈에 몰두하는 사이 바다에 있던 왜선을 모두 불태운다. 돌아갈 방법을 잃은 왜구는 패닉 상태에 빠져 이곳저곳을 미쳐 날뛴다. 이때부터 고려군의 왜구 몰이가 시작된다. 고려군은 쉴 틈 없이 왜구를 몰아부쳐 현재의 전북 남원시 인월면에 있는 황산이라는 작은 산으로 내모는 데 성공한다. 이때까지 살아남은 왜구는 최소 5천 이상이었던 것으로 추정한다. 이들은 이성계의 집요한 공격으로 사실상 전멸한다.

왜구의 최대 피해지였던 동래

동래는 왜구로 인한 피해가 가장 극심한 지역이었다. 동래를 약탈한 왜구는 대부분 대마도에 근거지를 둔 해적들이었는데, 앞에서도 언급했듯이 현재의 부산과 대마도는 눈으로 직접 볼 수 있을 만큼 거리가 가깝다. 그런데 왜구는 단지 거리가 가깝다는 이유만으로 동래를 약탈한 것은 아니었다. 해적은 물건이 모여 있는 곳을 좋아한다. 여러 곳을 돌아다닐 필요 없이 그곳에 모여 있는 물건만 재빨리 약탈하고 도망칠 수 있기 때문이다. 그런데 동래에는 하필 물건이 집산하는 포구(浦口)가 여럿 있었다.

현재 부산에 흐르는 대표적인 강은 낙동강과 수영강이다. 두 강은 모두 남북으로 흐른다. 낙동강은 부산의 서쪽을 남북으로 관통하고 수영강은 부산의 동쪽에서 남북으로 흐른다. 과거 동래 지역에 있었던 큰 포구들은 대부분 두 강과 연관 있다. 낙동강의 어귀에는 다

고려 말부터 조선 초까지 동래의 주요 지역

대포, 장림포, 하단포, 구포, 덕포, 호포 같은 큰 포구가 여럿 있었다. 낙동강 어귀에 포구가 밀집했던 까닭은 낙동강이 경상도의 대표 도시였던 상주로 연결되기 때문이다. 과거에는 수로(水路)를 통해 무거운 물건을 운반했었는데, 이는 육로를 통해 물건을 운반하는 것과는 비교할 수 없을 정도로 적은 힘과 시간이 소비됐다. 이처럼 강에 배를 띄워 물건을 운반하는 것을 수운(水運)이라고 한다. 우리가 잘 아는 해운(海運)과 조운(漕運)은 바다에 배를 띄워 물건을 운반하는 것을 뜻한다. 여하튼 동래 일대에서 생산한 소금, 해산물 등은 대부분 낙동강 어귀의 포구들에 집결했고 이후 수운을 통해 내륙 곳곳으로 보내졌다. 낙동강 다음으로 큰 강인 수영강의 어귀에는 해운포가 있었다. 이름을 듣자마자 눈치챘겠지만 수영강 어귀는 해운대의 동백

금정산 정상에서 바라본 해질녘의 낙동강

수영강과 센텀시티

섬과 인접하다. 그런데 해운포는 낙동강 어귀의 포구들만큼 많은 물건이 집산하는 장소는 아니었던 것 같다. 하지만 해운포 인근에는 아주 중요한 시설이 하나 있었으니 바로 동래고읍성이다. 따라서 해운포는 비록 크기는 작지만 백성들이 안심하고 이용할 수 있었던 포구로 추정한다. 그리고 두 강과 멀리 떨어져 있지만 이 즈음부터 주목받기 시작한 포구가 하나 있었다. 바로 부산포다. 부산포는 현재의 도시철도 1호선 부산진역과 좌천역 일대에 있었던 포구이며 이곳은 황령산의 정상에서 서남쪽 약 3km 떨어진 곳이다. 부산포는 낙동강과 수영강의 중간 지점에 있었다. 낙동강을 왼팔, 수영강을 오른팔에 비유한다면 부산포는 배꼽이다. 부산포의 우측에는 동천(東川)이라는 강이 흐르지만 이 강은 폭이 좁고 길이가 짧다. 따라서 부산포는 수운을 위한 포구는 아니었던 것으로 추정한다. 그렇다면 부산포가 주목받을 까닭은 하나 밖에 없다. 바로 일본과의 교류다. 부산포는 대마도와 가장 가까운 포구였기 때문이다. 항해 기술이 발달하지 않은 과거에 한반도와 일본 열도를 가장 빠르고 안전하게 오가는 뱃길은 부산포·대마도·규슈 길이었다. 그렇다면 동래를 침입한 왜구는 대부분 낙동강 하구, 수영강 하구, 부산포를 노렸을 것으로 짐작할 수 있다.

한편 해운포는 조선 후기에 사라진다. 여기에는 여러 이유가 있었겠지만 해운포는 애초부터 그 쓰임새가 크지 않았던 듯하다. 해운포는 수영강 하구의 서쪽, 즉 현재의 부산 수영구에 있었던 것으로 추정한다. 하지만 해운포의 흔적은 수영강 하구의 동쪽, 즉 현재의 부산 해운대구에 남아 있다. 도시철도 2호선 동백역 부근에는 간비오(干飛烏)라는 이름을 가진 산(山)이 있다. 간비오의 뜻은 '큰 나루'다. 간(干)은 한강, 한숨 등에서 '크다'는 의미로 사용하는 '한'을 뜻한다. 비(飛)는 '날다'는 뜻을 가진 한자로 사람들은 흔히 '날 비'라고 외우는데, 여기서는 한자의 뜻인 '날'만 사용한다. 오(烏)는 한자의 뜻은 아무런 상관이 없고 한자의 음인 '오'만 사용한다. 이를 모두 합치면 '한날오'이며 이는 '한 나루', 즉 '큰 나루'를 뜻한다. 현재 간비오산은 수영강과 1km가 넘는 거리에 떨어져 있지만 과거에는 이 일대까지 물이 들어왔다는 사실을 짐작할 수 있다. 참고로 나루는 강이나 바다에서 배가 건너다니는 곳을 뜻한다. 도시철도 2호선 센텀시티역 인근에는 APEC 나루공원이 있다. 이 공원은 2005년 부산에서 개최한 APEC 정상회담을 기념하기 위해 설치한 공원이며 그 이름은 이곳에 큰 나루가 있었다하여 명명한 것이다.

다시 고려 말로 돌아가자. 왜구는 동래를 마치 제집 드나들듯 출입하며 약탈한다. 하지만 고려군은 왜구가 어디에 나타날 지 종잡을 수 없었다. 가령 고려군이 낙동강 하구를 집중적으로 방어하면 왜구는 수영강 하구를 공격하고, 고려군이 수영강 하구를 집중적으로 방어하면 왜구는 부산포를 공격하는 식이었을 것이다. 그리하여 동래는 피폐해졌다. 참다 못한 고려는 수영강 하구에 있던 동래고읍성을 내륙으로 이전한다. 1387년 박위는 현재의 도시철도 4호선 수안역 일대에 새로운 동래읍성을 쌓는다. 이 성이 현대에 널리 알려진 동래읍성이다. 동래읍성은 동래고읍성의 북쪽 약 4km 떨어진 평지에 있으며 이곳은 과거 거칠산국인들의 주거지가 있었던 동래패총과 온천천의 근방이다. 이리하여 거칠산국 멸망 이후 약 천 년 간 변방의 어촌으로 잊혔던 동래는 경인년 왜구의 최대 피해지이자 한반도의 주요 관문으로 주목받기 시작한다.

무역도시로 변모하는 동래

황산대첩 이후 왜구는 이전처럼 대규모 병력을 동원하여 한반도를 공격하지 못한다. 그러는 사이 역사의 시선은 한반도 북쪽으로 향한다. 원이 쇠퇴하자 고려는 명과 손잡고 원을 압박한다. 원에 빼겼던 한반도 북쪽의 상당한 영토도 회복한다. 이때 명이 뜬금없는 요구를 한다. 철령(현재 북한 강원도 인근으로 추정)은 본래 고려의 땅이 아니므로 자신들이 가지겠다는 것이었다. 당시 고려는 명과 손잡기는 했지만 명의 안하무인한 태도에 불만을 갖고 있었다. 그리하여 명을 공격하기로 한다. 그런데 1388년 요동 정벌에 선봉장으로 나섰던 이성계가 돌연 위화도에서 회군한다. 쿠데타를 일으킨 것이다. 결국 이성계는 최영을 끌어내리고 고려의 실권을 장악한다.

이성계는 허수아비 왕들을 앉히고는 자신이 직접 국정을 운영한다. 그리고 1389년 동래읍성의 축성 책임자이자 쿠데타 세력에 힘을 실어준 박위를 대마도로 출병시킨다. 박위는 대마도의 왜구를 박살내고 고려인 포로들까지 구출한 후에 금의환향한다. 동래 백성들이 이성계를 위시한 쿠데타 세력을 어떻게 바라봤을지는 대충 짐작할 수 있다. 왜구 격퇴에 큰 공을 세운 박위의 이름은 현재 대한민국 해군의 잠수함 이름으로 사용하고 있다. 이후 동래에 출몰하는 왜구의 수는 잠시 준다. 그리고 1392년 이성계는 조선의 초대 왕으로 즉위한다. 그런데 1396년 왜구가 돌연 120척의 배를 이끌고 동래에 쳐들어온다. 왜구는 현재의 부산시 전체에 해당하는 동래, 동평, 기장 일대의 성들을 점령하고 이 일대의 수군 지휘관이었던 수군 만호까지 살해한다. 민심이 그 어느 때보다 중요한 건국 초기에 초대형 악재가 터진 것이다.

조선은 즉각 대마도를 공격한다. 하지만 언제까지고 당하면 갚는 방식을 되풀이할 순 없었다. 그리하여 왜구를 박멸할 근본적인 해결책을 강구한다. 이때 조선은 대마도인들이 먹고 살 길이 없어서 해적이 된다는 사실을 파악한다. 실제로 대마도 땅은 너무 척박해서 농사를 지을 수 없다. 이후 조선은 새로운 전략을 짜서 실행에 옮긴다. 우선 남해안 일대에 군사 시설인 진성을 대대적으로 설치한다. 진(鎭)은 수군 기지를 뜻하며 진성(鎭城)은 진을 보호하는 성이다. 그런데 진성은 작은 성에 불과하다. 조선이 작은 성을 설치한 까닭은 왜구의 공격 방식과 관련 있는데, 왜구는 보통 소수의 인원이 포구 같은 곳에 나타나 재빠르게 약탈한 후 도망한다. 이 때문에 조선은 대규모 병력을 한 곳에 집중 배치하는 대신 소규모 병력을 여러 군데 분산 배치한 것이다. 또한 조선은 또다시 대마도에 군대를 출병하여 왜구를 선제 공격한다. 대마도인들은 예상치 못한 조선군의 공격을 받아 큰 피해를 입는다. 마지막으로 조선은 동래의 부산포, 웅천의 제포(현 경남 창원시 진해구 웅천동), 울산의 염포(현 울산시 북구 염포동)에 왜관을 설치하여 대마도인들이 조선과 무역할 수 있는 길을 마련한다. 왜관은 일본인들이 조선 땅에서 무역할 수 있는 공간을 뜻한다. 조선이 강경책과 유화책을 동시에 보여주자 일본인들은 평화의 길을 선택한다. 이후 동래는 조선과 일본의 무역 도시로 변모한다.

조선은 왜구의 공격에 유독 시달렸던 동래를 특별히 신경 쓴다. 그리하여 일본과 가장 가까운 부산포에는 부산진성을, 낙동강 하구의 큰 포구였던 다대포에는 다대진성을, 수영강 하구에는 경상좌도 수군절도사영을 설치한다. 경상좌도 수군절도사영은 경상좌도의 수군을 총괄하는 사령부이며 흔히 경상 좌수영이라는 약칭으로 부른다. 부산진성과 다대진성은 경상 좌수영의 지휘를 받는 관할 지역이었다. 그런데 최초의 경상 좌수영은 수영강 하구가 아닌 부산포에 설치했었다. 구체적으로는 부산포에서 아주 가까운 감만이포(현 부산 남구 감만동)에 설치했었다. 하지만 부산포에 왜관을 설치하자 이 일대에 많은 일본인이 돌아다녔고, 자연스레 군사 기밀 유출 가능성이 제기됐다. 그리하여 경상 좌수영은 울산의 개운포로 이전했다가 16세기 초에 수영강 하구로 이전한다. 그렇다면 조선이 가장 중요하게 생각하던 군사 요충지는 낙동강 하구도 수영강 하구도 아닌 부산포였다는 사실을 알 수 있다. 한편 부산진성과 다대진성을 설치한 정확한 연도는 알 수 없다. 다만 부산포 일대는 왜관과 진성이 공존하는 곳으로 24시간 365일 내내 강력한 경계 태세가 요구되는 지역이었다. 이리하여 '부산'은 역사의 전면에 등장한다.

부산에 관하여

여기서 잠깐 역사의 흐름에서 벗어나 '부산'을 살펴보자. 조선 태종실록 1402년 음력 1월 28일 기사에는 부산포(富山浦)에 왜구가 들어와 천호 김남보와 사졸 10여 명을 죽였다는 글이 실려 있다. 이것이 역사상 '부산'의 첫 등장이다. 부산은 당연하게도 산(山)의 이름이다. 부산포는 부산 앞에 자연적으로 형성한 포구의 이름이며 부산포왜관과 부산진성도 모두 부산에서 따온 이름이다. 하지만 안타깝게도 부산은 베일에 쌓여 있다. 부산의 위치와 뜻은 알려지지 않으며 이에 관한 몇몇 설만 존재할 뿐이다. 아무것도 알려지지 않은 이름 부산이 현재 대한민국에서 두 번째로 큰 도시의 이름으로 사용되고 있다는 사실은 놀랍다. 부산이 이 도시의 이름으로 성장한 과정은 차근차근 살펴보도록 하고, 우선 베일에 쌓인 부산부터 파헤쳐보자. 부산에 관한 설명은 2007년 부산대학교 이근열 교수가 발표한 논문 〈부산 땅이름의 말밑 연구〉를 참고했다.

부산의 뜻을 파악하기 위해서는 과거의 지명(地名) 표기 방법부터 살펴봐야 한다. 까마득한 옛날에 이 땅의 모든 산, 강, 바다, 평지 등은 이 땅에 살던 사람들의 말, 즉 토박이말로 이름 지어졌다. 이것이 우리 지명의 시작이다. 토박이 지명은 입에서 입으로 구전됐다. 한참의 세월이 흘러 중국에서 한자가 도입됐다. 사람들은 한자를 빌려 토박이 지명을 표기하기 시작했다. 이 과정에서 수많은 토박이 지명이 자신의 뜻을 잃었다. 한자와 우리말은 맞지 않기 때문이다. 예를 들어보자. '하늘'이라는 우리말은 한자의 뜻을 빌려 天으로 표기할 수도 있고, 한자의 음을 빌려 韓乙(한을) 등으로 표기할 수도 있다. 한자의 뜻을 빌리는 것을 훈차(訓借)라고 하고, 한자의 음을 빌리는 것을 음차(音借)라고 한다. 그런데 훈차와 음차는 모두 불완전하다. 하늘을 훈차하여 天으로 표기하면 후대 사람들은 이 단어의 발음을 알 수 없고, 하늘을 음차하여 韓乙로 표기하면 후대 사람들은 이 단어의 뜻을 오해할 수 있다. 그렇다면 훈차로 표기한 지명은 적어도 지명의 본래 뜻, 즉 어원만은 온전히 보존하겠구나라는 생각을 할 수도 있을 것이다. 실제로 많은 사람이 지명의 한자 풀이와 지명의 어원을 동일하게 여긴다. 하지만 이는 오해다. 한자로 토박이 지명을 표기한 시기는 약 2,000년 전으로 추정하는데, 이는 비교적 최근에 해당한다. 반면 토박이들이 이 땅에 이름을 붙인 시기는 그때로부터 수천 년 전이다. 그 사이의 긴 세월 동안 사람들은 지명의 본래 뜻을 잊어버렸을 수도 있고 또 지형이 변하여 지명의 본래 뜻이 무색해졌을 수도 있다. 이러한 대표적인 예가 바로 배산이다. 배산은 본래 '잣뫼', 즉 '성이 있는 산'이었으나 후대에 그 뜻을 잃어 '잔을 엎어놓은 모양의 산'이라는 뜻의 배산(盃山)으로 표기했다. 짐작건대 우리나라의 모든 토박이 지명은 이와 비슷한 시련을 겪었을 것이다. 우리가 알아보려는 '부산'도 이러한 시련을 겪었다.

1402년 태종실록에 처음 등장하는 부산은 '가멸 부'를 사용한 富山으로 표기했다. '가멸다'는 '풍부하다'와 비슷한 뜻을 가진 우리말이다. 그런데 이후로 부산은 富山 뿐만 아니라 '가마 부'를 사용한 釜山으로도 표기된다. 그리고 15세기 후반부터 아예 釜山으로 고정 표기된다. 여기서 두 가지 사실을 짐작할 수 있다. 첫째는 15세기 사람들도 이 산을 '부산'이라고 불렀다는 사실이다. 이는 富山과 釜山이 모두 '부산'으로 발음되기 때문에 쉽게 유추할 수 있다. 이 산의 토박이 이름은 부산이 아니었을 것이다. 이 산이 언제부터 부산이라고 불렸는 지는 알 수 없다. 어쩌면 한화정책을 펼쳤던 신라 경덕왕 때일 수도 있다. 둘째는 15세기 사람들도 '부산'의 어원을 몰랐을 가능성이 있다는 사실이다. 조선왕조실록은 최고의 권위를 가진 책이다. 실록을 적는 관리들은 지극히 사소한 지명을 표기할 때도 어떤 한자를 사용할 지를 논의했다. 그렇다면 실록에 이미 기록한 지명을 다른 한자로 바꿔 표기하기란 쉽지 않았을 것이다. 富山을 釜山으로 바꿔 표기하기까지는 심도 깊은 논의가 있었을 것으로 추정한다. 이를 거꾸로 해석한다면 실록을 적는 관리들도 '부산'의 어원을 몰랐거나 혹 부산의 어원을 알고 있었지만 특수한 상황 때문에 일부러 부산을 다른 한자로 표기했다는 뜻이다. 개인적으로는 후자에 마음이 기운다.

釜山은 '가마 모양의 산'을 뜻한다. 그리고 조선은 이 산에 부산진성을 설치한다. 내 생각에는 富山을 釜山으로 바꿔 표기하는 데는 부산진성이 결정적인 역할을 한 것 같다. 다음은 부산을 표기하는 문제를 두고 일어난 사건들을 내 마음대로 상상한 것이다. 조선 초기 부산포에 왜구가 쳐들어와 군인을 죽이는 사건이 발생했다. 이 일은 매우 엄중해서 공식 기록으로 남겨야만 했다. 그런데 뜻밖의 암초가 나타났다. '부산포'의 어원을 아는 사람이 없었던 것이다. 특정 산에서 따온 이름인 것은 알겠지만 이 산의 위치와 뜻을 아는 사람이 없었다. 그렇다고 해서 실록에 아무 한자나 사용할 순 없는 노릇이었다. 관리들은 '부산'의 어원을 찾으려 노력했다. 누군가는 문헌을 찾아보고 또 누군가는 동래 출신 혹은 동래에 임명됐던 관리들을 통해 수소문했다. 그리하여 최종적으로 '가멸다'의 뜻을 가진 富山으로 표기했다. 이후 조선은 부산포 일대에 왜구의 기습을 방어할 진성을 설치하기로 한다. 그런데 부산진성을 설치하기로 한 산이 마치 가마를 엎어놓은 것처럼 생긴 것이다. 여기서 말하는 가마는 넓적한 솥뚜껑이 아니라 음식을 담는 솥의 둥근 몸체 부분을 뜻한다. 성은 곧 중심이다. 그리하여 일부 관리들은 부산을 새로운 시대에 맞게끔 고쳐 표기해야 한다고 주장한다. 하지만 부산을 어원에 맞게 표기해야 한다는 주장도 적지 않았다. 그러는 사이 부산은 富山과 釜山을 혼용하여 표기한다. 그런데 시간이 갈수록 부산을 釜山이라고 표기하는 사람들이 늘어난다. 결국 15세기 후반에 부산은 釜山으로만 표기하기로 결정한다.

다시 한번 말하지만 위 이야기는 내 상상이다. 따라서 부산의 어원과 가까운 표기가 富山이라고 단정지을 수는 없다. 그렇다면 애초부터 부산이 '가마 모양의 산', 즉 釜山일 가능성은 없을까. 그럴 가능성은 적다. 산의 생김새는 보는 사람에 따라 다르게 느껴질뿐더러 가마를 뒤엎어 놓은 모양의 산은 전국에 널리고 널렸기 때문이다. 따라서 부산을 가마 모양의 산이라고 단정지은 것은 잘못된 추론이거나 혹 내 상상처럼 새로운 시대에 맞게끔 고쳐 표기한 것일 가능성이 높다. 한편 참고한 논문인 〈부산 땅이름의 말밑 연구〉는 15세기에 새롭게 정의한 '부산'이 아닌 토박이말로 이름 지었던 애초의 '부산'을 찾는 논문이다. 논문은 최초의 표기인 富山이 '풍부하다',

증산 꼭대기에 있는 증산전망대

'재산이 많다', '크다'는 뜻을 가진 우리말 '가멸다'의 한자를 사용했다는 점, 이 일대의 가장 큰 산은 수정산이라는 점, 과거 수정산에는 '머리성'으로 불린 성이 존재했다는 점, 꼭대기나 머리를 뜻하는 고유어 '수리'는 '수정'이나 '시리'로 바뀔 수 있다는 점 등을 근거로 애초의 부산은 현재의 수정산이며 그 뜻은 크고 높은 산, 꼭대기에 해당하는 중심의 산이라고 주장한다.

그렇다면 가마 모양의 산은 어디일까. 놀랍게도 그 위치를 알지 못한다. 이 산의 위치는 두 가지 설이 있는데, 이를 설명하기 위해서는 약 200년 후에 벌어지는 임진왜란을 미리 언급해야 한다. 부산진성은 임진왜란의 첫 전투지이자 패전지가 된다. 이후 일본군은 부산진성을 헐고 자신들의 성인 왜성(倭城)을 쌓는다. 여기서부터 문제가 발생한다. 일본군은 현재의 부산 동구 범일동에 있는 증산과 증산에서 약 800m 거리에 떨어져 있는 자성대공원에, 즉 두 곳에 왜성을 쌓는다. 이 때문에 조선이 쌓은 최초의 부산진성이 하나의 성이라는 주장이 있고 두 개의 성이라는 주장이 있다. 왜란 이후 조선은 현재의 자성대공원에만 부산진성을 재건한다. 훗날 이 성 또한 일제강점기에 해체되어 사라진다. 정리하자면 부산의 위치는 증산설과 자성대설이 있다. 증산설에 따르면 조선 초기에 쌓은 부산진성은 두 성을 통틀어 지칭하는 것으로, 모성(母城)은 현재의 증산에, 자성(子城)은 현재의 자성대공원에 쌓았다. 모성은 성의 본성을, 자성은 본성에 딸린 성을 뜻한다. 반면 자성대설에 따르면 부산진성은 왜란 이전에도 현재의 자성대공원에만 쌓았고 왜란 이후에도 자성대공원에만 재건했다. 얼마 전까지는 증산설이 정설로 확정되는 듯했다. 하지만 최근 자성대설이 등장하면서 진실은 오리무중에 빠지고 있다.

증산에서 바라본 부산북항 일대, 9시 방향에 있는 작은 산이 자성대공원,
오른쪽에 보이는 바다 건너의 산은 영도의 봉래산, 과거에는 자성대공원 앞까지 바닷물이 들어찼다.
자성대공원 오른쪽으로 부산포가 있었다.

삼포왜관과 임진왜란의 서막

다시 역사의 흐름으로 돌아오자. 왜구가 사라지자 왜관이 주목받기 시작한다. 조선은 1407년 부산포와 제포에, 1426년 염포에 왜관을 설치한다. 세 왜관을 통틀어 삼포왜관이라고 부른다. 그런데 많은 사람이 삼포왜관을 대수롭지 않게 생각한다. 조선이 자유 무역지구를 설치했다는 정도로만 인식한다. 하지만 왜관은 조선이 500년간 실시한 모든 정책 중에서도 손에 꼽힐 만큼의 파격적인 정책이다. 왜 그런가를 이해하기 위해서는 농업국가의 사고방식부터 이해해야 한다. 농업국가에게 잘 살고 못 사는 기준은 풍년과 흉년이다. 부(富)는 곧 식량을 뜻하며 모든 땅은 식량을 얻기 위해 존재한다. 이러한 사고방식은 영토를 확장할 때 걸림돌로 작용한다. 정복하려는 땅이 농경지가 아니라면 정복을 망설이기 때문이다. 심지어 농경지가 아닌 땅은 공짜로 갖다 바친다 해도 거절한다. 괜히 농사도 못 짓는 땅을 얻었다간 다른 곳에서 걷은 세금으로 그 지역 사람들을 부양해야 하기 때문이다. 결국 농업국가는 현상 유지에 만족하는 보수적인 나라로 변해간다. 이런 농업국가에게 무역은 가당치도 않은 일이다. 무역을 허용하면 외국인이 항상 들락날락거려야 하는데, 보수적인 국가는 외국인이 내국인을 선동하여 변화의 바람을 일으킬 거라고 의심한다. 이는 현대에 국경을 봉쇄한 국가들도 가장 경계하는 부분이다. 또한 무역이 활성화하면 농사꾼이 줄 가능성이 있다. 농업국가에게 이보다 최악의 상황은 없다. 따라서 농업국가 조선이 대마도인들에게 무역을 허용한 사건은 대단히 이례적이라는 말 밖에는 달리 표현한 방도가 없다. 거꾸로 생각해 보면 조선은 정말 간절하게 왜구를 박멸하길 원했다.

조선은 삼포왜관을 설치한 후 한 발 더 나아가 일본인들이 조선 땅에 거주할 수 있도록 허용한다. 하지만 머지않아 그 폐단이 드러난다. 태종실록 1410년 음력 4월 8일 기사에는 경상도에 거주하는 왜인의 수가 이미 2,000명에 이르는데 이들은 성품이 사납고 이랬다 저랬다 하여 믿기 어려우니 그들을 사서 노비로 삼는 것을 금해야 한다는 내용의 글이 실려 있다. 이것을 현대 일본인의 성품으로 받아들여선 곤란하다. 평생을 해적으로 살아온 사람이 하루아침에 점잖은 무역상으로 바뀔 순 없다. 이는 국적과 무관하다. 시간이 흘러 일본인들은 서서히 무역에 익숙해진다. 그들 중 일부는 조선에 동화되어 귀화하기도 한다. 하지만 대부분의 일본인은 조선을 그저 돈 버는 곳으로만 인식했던 것 같다. 지금도 마찬가지지만 조국을 떠나 외국에서 일하는 사람 중에는 그 나라의 법을 우습게 보는 경우가 많다. 남의 나라에서는 불법을 저질러도 괜찮다는 망상은 꽤 오래전부터 있었던 듯하다. 이런 망상에 빠진 일본인들은 왜관에서 도박하고, 술 취해 난장을 부리고, 유녀를 부르고, 심지어 밀무역까지 한다. 참다못한 조선은 결국 일본인들을 강하게 통제하기 시작한다.

1510년 음력 4월 왜관에서 대규모 폭동 사태가 일어난다. 바로 삼포왜란(三浦倭亂)이다. 폭도들은 지금껏 조선 관리들이 불법으로 세금을 거두고, 자신들을 종처럼 부렸으며, 말을 듣지 않을 때는 살인도 서슴지 않았다고 주장한다. 하지만 이는 표면적인 이유였던 것 같다. 폭도들은 부산진성과 제포진성을 함락시키는데, 이는 일반적인 폭도들이었다면 불가능한 일이었다. 사실 조선은 대마도인들에게 무역을 허용하기는 했지만 국가 체제가 흔들리는 것을 방지하기 위해 연간 무역량을 제한했었다. 삼포왜란은 아마도 일본이 조선의 무역량 제한 조치를 완화하도록 압박하는 시위였던 것 같다. 실제로 대마도주는 폭도들을 부추기고 무기까지 지원했다. 조선은 군대를 급파하여 모든 폭동을 잠재운다. 그리고 삼포왜관을 폐쇄한다. 상황이 엉뚱하게 돌아가자 대마도주는 자신들의 잘못을 인정한다. 하지만 조선 관리들의 과도했던 통제를 문제 삼으며 왜관 개방을 요구한다. 조선은 이를 받아들여 삼포왜관 중 부산포왜관과 제포왜관을 개방한다. 조선이 왜관을 개방한 까닭은 북방 경계 소홀과 왜구의 재출현 등을 염려했기 때문이다. 하지만 이 무렵부터 일본은 전국시대라는 대혼란기에 접어든다. 일본 중앙 정부의 장악력이 약해지자 또다시 왜구가 출현한다. 이리하여 조선 곳곳에서 왜구로 인한 피해가 속출한다. 대마도주는 뒤에서 몰래 왜구를 지원한다.

1544년 음력 4월 왜구는 왜선 20여 척을 타고 통영 사량진을 공격한다. 사량진왜변으로 조선군 1명이 죽고 10명이 부상 당한다. 조선은 방어에 불리한 제포왜관을 폐쇄하고 부산포왜관을 통한 무역량도 크게 제한한다. 이에 반발한 왜구는 1555년 음력 5월 왜선 70여 척을 타고 전라남도 해남군 일대로 쳐들어온다. 을묘왜변으로 전라남도 영암, 장흥, 강진, 진도 등이 풍비박산하고 전라 병마절도사와 장흥 부사 등이 전사한다. 조선은 군대를 급파하여 간신히 왜구를 물리친다. 하지만 이전에 보지 못했던 왜구의 대대적인 공격에 큰 충격을 받는다. 그리하여 하나 남은 부산포왜관을 사실상 폐쇄한다.

먹고 살길이 막막해진 대마도주는 왜구의 목을 잘라 바치며 조치 완화를 간청한다. 조선은 또다시 일본의 요구를 받아들인다. 그런데 이후로 상황이 급변한다. 항상 사람이 북적이던 부산포왜관에 사람이 줄기 시작하고 급기야 단 한 명의 일본인도 남지 않는다. 일본을 통일한 도요토미 히데요시가 노골적으로 조선 침략을 공언했기 때문이다. 그러나 조선은 부산포왜관에 사람이 줄고 있다는 사실조차 파악하지 못한다.

임진왜란

부산의 성장

조선의 행정구역과 관직

임진왜란은 조선 전기와 후기의 기준이 되는 사건이며 동아시아의 권력 균형마저 재편한 중대한 사건이다. 임진왜란 이후 조선은 이전의 국력을 회복하지 못하고, 일본은 전쟁을 일으킨 정권이 몰락하며, 여진족은 강성하여 청(淸)을 세우고, 명은 쇠퇴하여 청에 멸망한다. 임진왜란은 동래에도 큰 영향을 끼친다. 동래는 임진왜란의 첫 전투지이자 패전지이며 왜란 이후 동아시아 무역 중심지로 성장한다. 지금부터는 임진왜란 동안 동래에서 벌어진 네 전투의 자세한 내막과 7년 간 벌어진 전쟁의 대략을 살펴보고 또 왜란 이후 동래는 어떤 변화를 겪는지를 살펴보자. 한편 지금부터 언급하는 임진왜란은 임진왜란과 정유재란을 통틀은 7년 간의 전쟁을 뜻한다.

임진왜란을 좀 더 쉽게 이해하기 위해서는 조선의 행정구역과 관직을 먼저 파악하는 것이 좋다. 우선 동래의 확장 과정부터 살펴보자. 앞에서도 언급했지만 대한민국 부산시는 과거의 동래, 동평, 기장을 통합한 지역으로 이해할 수 있다. 세 지역의 이름은 모두 757년 신라 경덕왕이 고친 것으로 동래는 본래 거칠산, 동평은 본래 대증, 기장은 본래 갑화량곡이었다. 아주 적확한 비유는 아니지만 동래는 현재 부산시의 중앙, 동평은 현재 부산시의 왼편, 기장은 현재 부산시의 오른편에 해당한다고 볼 수 있다. 시대마다 도시를 구분하는 기준과 명칭은 바뀐다. 대한민국은 도시를 시(市)와 군(郡)으로 구분하며 그 기준은 인구수다. 반면 조선은 도시를 부(府), 목(牧), 군(郡), 현(縣)으로 구분했으며 그 기준은 도시의 크기나 중요도였다. 고려와 신라도 도시를 구분하는 기준과 명칭이 있었다. 그러나 동래, 동평, 기장은 시대와 상관 없이 언제나 가장 작은 도시에 해당하는 군(郡) 또는 현(縣)이었다. 이 시기 동안 동래현은 대부분 주현(主縣)이었고 동평현과 기장현은 대부분 동래현의 속현(屬縣)이었다. 쉽게 말해서 동래현은 중앙 정부에서 임명한 관리가 직접 내려와 관리감독하는 지역이었고 동평현과 기장현은 동래현의 관리가 더불어서 관리감독하는 지역이었다. 조선 때에 속현을 폐지한다. 그리하여 동평현은 조선 전기에, 기장현은 조선 후기에 동래현으로 편입한다. 몸집을 불린 동래현은 동래부로 승격한다.

조선 동래부는 경상좌도에 속했다. 그런데 경상좌도라는 명칭이 어색할 것이다. 대한민국은 경상도를 남북으로 구분하지만 조선은 경상도를 좌우로 구분했다. 그 기준은 낙동강이었다. 그런데 낙동강의 동쪽을 경상좌도, 낙동강의 서쪽을 경상우도라고 칭했다. 실제 방위와 명칭이 반대인 까닭은 왕이 한양에서 내려다보는 기준으로 이름 붙였기 때문이다. 경상우도와 전라좌도가 맞닿았다고 생각하면 전체적인 그림이 그려질 것이다. 경상도를 총괄하는 관리는 종2품의 경상 감사(경상 관찰사)였다. 경상 감사는 경상도의 행정 뿐만 아니라 군대를 지휘할 권한도 있는, 말 그대로 경상도의 대장이었다. 경상 감사는 임진왜란 도중 경상 좌감사와 경상 우감사로 나뉘지만 이 부분은 크게 신경쓰지 않아도 된다. 경상도의 이름인 경주와 상주는 각각 종2품 관리가 부임하는 경주부와 정3품 관리가 부임하는 상주목이었다. 동래는 본래 종5품 관리가 부임하는 동래현이었으나 16세기 초에 종3품 관리가 부임하는 동래부로 승격한다.

조선은 각 도(道)에 군대를 뒀고 각 도에서 군대를 지휘하도록 했다. 여러 도의 군대를 총괄 지휘하는 관직은 없었는데, 이는 쿠데타를 방지하기 위해서였다. 그러나 유사시에는 팔도의 군대를 지휘할 수 있는 도원수, 삼도의 수군을 지휘할 수 있는 통제사 등의 관직을 임시로 허용했다. 경상도에는 육군과 수군이 있었다. 경상좌도의 육군 총사령관은 종2품의 경상 좌병사(경상좌도 병마절도사)였고 수군 총사령관은 정3품의 경상 좌수사(경상좌도 수군절도사)였다. 이들의 군대가 주둔하는 곳, 즉 육군 사령부와 수군 사령부는 각각 경상 좌병영(경상좌도 병마절도사영)과 경상 좌수영(경상좌도 수군절도사영)이었다. 부산진성과 다대진성은 경상 좌수영의 관할 지역이었으며 두 곳에는 종3품 무관이 부임했다. 한편 임진왜란 당시 경상 좌수영은 수영강 하구, 좀 더 정확히는 과거 동래고읍성이 있었던 현재의 도시철도 3호선 망미역과 수영역 사이에 있었다. 현재 부산시의 행정구역인 수영구, 도시철도 수영역, 센텀시티를 따라 흐르는 수영강은 모두 경상 좌수영에서 유래한 이름이다.

임진왜란의 배경

15세기 중반부터 16세기 후반까지 일본은 전례 없는 내전을 치뤘다. 일명 전국시대다. 오랜 내전의 승자는 도요토미 히데요시였다. 하지만 그의 통일은 불완전했다. 그는 모든 영주의 지지를 받지 못했다. 게다가 그의 편에 섰던 영주들도 적잖은 불만을 표출했다. 전쟁 후의 보상, 즉 배분받은 땅은 생각보다 적었기 때문이다. 그리하여 도요토미 히데요시는 영주들의 불만을 해소하고 동시에 자기 정복욕도 채울 수 있는 조선 침략을 결정한다. 한편 조선은 삼포왜관을 개방한 이후 잠시 주춤했던 왜구가 또다시 창궐하자 골치를 앓고 있었다. 이때 대마도주 소 요시토시가 조선 조정에 찾아와 도요토미 히데요시의 서계를 전달한다. 서계에는 가도입명(假道入明), 즉 일본이 명으로 갈 것이니 조선은 길을 빌려달라는 글이 적혀 있었다. 조선은 수상한 낌새를 눈치채고는 일본에 통신사를 파견한다. 일본의 진의를 파악할 목적이었다. 그런데 일본에서 돌아온 통신사들의 보고는 엇갈린다. 황윤길은 일본이 전쟁을 일으킬 것으로, 김성일은 일본이 전쟁을 일으키지 않을 것으로 예측한다. 그리하여 조선은 적극적이진 않지만 그렇다고 해서 무의미하지도 않은 전쟁 대비 조치를 실시한다. 전국 팔도의 성을 정비하고, 기존의 국방 시스템을 점검하고, 유능한 장수들을 최전선에 투입한다. 일본과 가장 가까운 동래에는 좀 더 많은 신경을 기울인다. 본래 동래부, 부산진성, 다대진성은 모두 종3품 관리의 부임지였으나 이때는 한 품계 높은 정3품 관리들을 임명한다. 1591년 초에는 동래 부사에 정3품 문관 송상현을,

1592년 초(추정)에는 부산진 첨사와 다대진 첨사에 각각 정3품 무관 정발과 윤흥신을 임명한다. 경상 좌수사의 품계가 정3품이었으니 조선이 현 상황을 꽤 엄중히 바라봤다는 사실을 짐작할 수 있다.

한편 대마도주 소 요시토시는 전쟁을 원치 않았던 인물로 전해진다. 예나 지금이나 대마도의 지정학적 위치는 어중간하다. 일본 열도에 속하지만 한반도 없이는 살 수 없다. 당시에도 대마도는 조선과의 무역 없이는 살 수 없었다. 그리하여 소 요시토시는 이전의 대마도주들과는 달리 조선과 평화적인 관계를 유지하려 했던 듯하다. 도요토미 히데요시는 일명 조선통이었던 소 요시토시를 불러 조선에 서계를 전달하라고 명한다. 서계에는 정명향도(征明嚮導), 즉 일본이 명을 치러갈 것이니 조선은 길을 인도하라라는 글이 적혀 있었다. 소 요시토시는 고심 끝에 정명향도를 가도입명으로 고쳐 조선 조정에 전달한다. 이후 도요토미 히데요시는 조선 정벌의 선봉장으로 자신의 충신이었던 고니시 유키나가를 지목한다. 공교롭게도 고니시 유키나가의 사위가 소 요시토시였다. 고니시 유키나가 또한 전쟁을 원치 않았다. 그도 조선과의 무역으로 먹고 사는 영주였다. 하지만 그는 어차피 일어날 전쟁이라면 최대한 빨리 조선 왕을 사로잡아 신속히 전쟁을 끝낼 것을 다짐한다.

일본군의 최우선 목표는 안전한 전초 기지 확보였다. 일본군이 생각한 전초 기지는 동래 전체였으며 동래를 차지하기 위해서는 경상 좌수영, 부산진성, 다대진성, 동래읍성을 모두 점령해야 했다. 동래에서 가장 핵심적인 군사 시설은 경상 좌수영이었다. 경상 좌수영에는 수십 척의 판옥선이 있었다. 그런데 일본군은 바다가 아닌 육지에서 싸우길 원했다. 그리하여 경상 좌수영 대신 대마도와 가장 가까운 부산진성부터 공격하기로 결정한다. 1592년 음력 4월 13일(양력 5월 23일) 일본군은 드디어 군대를 출정한다.

부산진성전투와 다대진성전투

4월 13일 이른 아침 부산진 첨사 정발은 군사들과 함께 절영도로 사냥을 나간다. 이 사냥을 어떻게 해석할지를 두고 설왕설래가 많았지만 최근에는 실전과 다름 없는 군사훈련으로 해석하는 것이 일반적이다. 따라서 부산진성 군인들은 고도의 훈련을 받은 정예 부대로 추정한다. 절영도에서 훈련이 한창이던 때에 먼 바다에 웬 선박들이 나타난다. 정발은 이 배들이 왜관을 출입하는 무역선이라고 판단한다. 하지만 수 척에 불과하던 왜선은 곧 수백 척으로 불어난다. 그리하여 정발은 곧장 배를 타고 부산진성에 복귀하고, 바다에 떠 있는 수 척의 판옥선을 적에게 뺏기지 않도록 수몰시키고, 인근 부대에 적의 기습 사실을 알리고, 인근 백성들을 성안으로 대피시키고, 성 주변과 해자에 수많은 마름쇠(쇠침)을 깔아 전투를 대비한다.

황령산을 비롯한 곳곳에서 봉화가 피어오른다. 파발꾼들은 이곳저곳으로 급히 달려나간다. 얼마 후 경상남도 진주에 있던 경상 감사 김수가 적의 기습을 보고 받는다. 김수는 곧장 동원령을 발동한다. 당시 조선은 제승방략체제를 갖추고 있었다. 제승방략체제는 쉽게 말해서 여러 고을의 군대가 각자의 고을을 지키는 대신 한 곳에 집결하여 함께 싸우는 시스템이다. 동원령에 따라 경상 좌병사 이각, 양산 군수 조영규, 울산 군수 이언함, 밀양 부사 박진은 신속히 군대를 소집하여 동래읍성로 출발한다. 경주는 본래 동래로 집결할 필요가 없었지만 조금의 병력이라도 보태기 위해 판관 박의장을 동래로 보낸다. 그런데 이들이 동래읍성에 집결하려면 적이도 이틀의 시간이 필요했다. 부산진성은 이 시간을 벌어야 했다. 하지만 진성은 왜구를 효율적으로 막기 위해 설치한 작은 성이라는 사실을 기억할 것이다. 당시 부산진성을 지키는 군사는 고작 600여 명에 불과했다.

일본군 18,700명이 탄 왜선 700여 척은 13일 오전 8시 즈음 대마도를 출발하여 오후 4시 즈음 절영도에 도착한다. 일본군은 난생 처음 경험한 장거리 항해에 모두 녹초가 됐을 것이다. 고니시 유키나가는 곧장 일부 군대를 끌고 부산진성에 접근한다. 그리고 다짜고짜 항복을 권유한다. 아마도 체력을 회복할 시간을 벌기 위한 작전으로 보인다. 정발이 이를 눈치채지 못했을 리 없다. 그는 북방에서 많은 경험을 쌓은 장수였다. 그런데 정발은 일본군을 공격하지 못한다. 600명으로 18,700명을 공격했다간 되레 성을 뺏길 수 있으니, 그럴 바에는 차라리 최대한 시간을 지연하여 조선군이 동래읍성으로 집결할 시간을 버는 게 낫다고 판단한 것 같다. 이렇게 잠을 청할 수 없는 밤이 흐르고, 조선군은 귀한 하루를 번다.

다음날인 14일 이른 새벽, 절영도에 있던 왜선 700척이 부산포 앞으로 몰려오면서 전투가 시작된다. 전투는 다음과 같이 전개됐을 것으로 추정한다. 조선군은 생전 처음 보는 조총의 위력에 속속 고꾸라진다. 하지만 시간을 벌어야 한다는 명확한 목표가 있었기에 한

걸음도 물러나지 않는다. 반면 일본군은 성을 효율적으로 공략하지 못한다. 부산진성의 남문은 바다와 맞닿아 있었는데, 이 때문에 성을 공격할 물리적 공간이 협소했다. 결국 조선군은 일본군의 최초 공격을 막아낸다. 얼마 후 일본군은 부산진성 전체를 포위하여 조선군의 후방을 차단한다. 조선군은 성의 모든 방면에서 압도적인 병력 열세에 허덕이다 끝내 일본군이 성 안으로 진입하는 것을 허용한다. 성 안에서는 처절한 백병전이 펼쳐진다. 하지만 조선군은 백 년 간의 전투 경험을 쌓은 일본군을 이기지 못한다. 결국 4시간여 간의 전투 끝에 일본군은 부산진성을 완전히 점령한다.

그런데 승리한 일본군이 분노한다. 일본군의 최종 목표는 최대한 빨리 조선 왕을 사로잡아 속전속결로 전쟁을 끝내는 것이었다. 그러기 위해서는 전쟁 초반에 압도적인 승리를 거둬야만 했다. 사기가 꺾인 군대는 스스로 전투를 포기하기 때문이다. 그런데 일본군은 조선과의 첫 전투에서, 그것도 고작 600명이 지키는 조그마한 성을 힘겹게 함락했다. 승리했지만 좌절했을 것이고 앞으로 만날 조선의 큰 성들을 생각하면 두려웠을 것이다. 일본군 지휘관들은 부산진성 안의 살아있는 모든 것, 사람은 물론이고 개와 고양이까지 모두 학살하라고 명령한다. 이는 조선인들이 일본군에 대한 공포심을 갖도록 만들고 동시에 일본군 병영 내에서 조선군에 대한 두려움이 전염되는 상황을 방지할 목적이었던 것 같다. 이 때문에 부산진성전투에서 살아남은 조선인은 채 열 명도 되지 않는다. 이후 일본군은 부산진성에서 하루를 보낸다. 이렇게 조선은 또다시 귀한 하루를 번다. 이날 양산과 울산의 조선군이 동래읍성에 도착한다.

한편 다대진성전투에 관한 기록은 거의 없다. 다대진성전투는 다음과 같이 전개됐을 것으로 추정한다. 부산진성을 함락한 일본군의 일부 혹은 부산진성전투 이전부터 본대에서 떨어진 일본군의 일부가 다대진성으로 진격한다. 그런데 다대진성 성문은 열려있었다. 일본군은 조심스레 성 내부로 들어가는데, 이때 숨어있던 조선군이 나타나 일본군을 공격한다. 놀란 일본군은 재빨리 후퇴한다. 이후 다대진성 군인들은 다대진 첨사 윤흥신에게 퇴각을 요청한다. 하지만 윤흥신은 성을 끝까지 사수하라고 명령한다. 윤흥신 역시 시간을 벌어야 한다는 임무를 정확히 파악했던 듯하다. 얼마 후 혹은 다음날 일본군이 재차 쳐들어 온다. 윤흥신은 자신의 아우 윤흥제와 함께 끝까지 항전하다 전사한다.

동래읍성전투

4월 14일 부산진성이 함락되던 날, 동래읍성에는 양산 군수 조영규와 울산 군수 이언함의 군대가 도착한다. 이리하여 동래읍성에는 약 3,000명의 군대가 집결한다. 그러나 부산진성의 참극이 알려지면서 동래읍성에는 두려움이 감돈다.

4월 15일 마침내 전투를 지휘할 경상 좌병사 이각이 동래읍성에 도착한다. 참고로 당시 동래 부사는 전투를 지휘할 권한이 없었다. 그런데 이각이 동래 부사 송상현에게 뜻밖의 통보를 한다. 자신은 성 밖에 나가 성의 방어를 지원하겠다는 것이었다. 송상현은 떠나려는 이각에게 대장이 성을 버리고 가는 법은 없다며 호소한다. 하지만 이각은 성 안에서 싸우다 갇히면 대장의 임무를 수행할 수 없다며 되레 송상현을 호통친 후 흰 말을 타고 유유히 성 밖을 빠져나간다. 이리하여 문관 송상현은 얼떨결에 전투 지휘관이 된다. 하지만 그는 결사 항전을 다짐한다. 동래읍성 남문에는 대장의 군기인 수자기(帥字旗)를 내걸린다. 이 모습을 본 동래 백성들도 결사 항전을 다짐한다. 부산진성의 백성들처럼 일본군에 학살당할 바에는 차라리 싸우다 죽는 게 낫다고 생각한 것이다.

늦은 오후에 이르러 일본군이 동래읍성 남문 앞에 도착한다. 일본군은 진을 넓게 쳐서 자신들의 병력 우위를 과시하는 한편 남문 앞에 '싸우려면 싸우고 싸우지 않으려면 길을 빌려달라'(戰則戰矣 不戰則假道)라는 글을 패목에 적어 땅에 꽂는다. 이를 본 송상현은 '싸워 죽기는 쉽지만 길을 빌려주기는 어렵다'(戰死易 假道難)라는 글을 목판에 적어 성 밖으로 내던진다. 해 질 무렵 전투가 시작된다.

성 밖에는 경상 좌병사 이각과 경상 좌수영성을 버리고 온 경상 좌수사 박홍, 그리고 뒤늦게 도착한 경주 판관 박의장의 군대가 있었다. 이들은 동래읍성을 포위한 일본군을 향해 돌격한다. 하지만 포위망을 뚫지 못하고 후퇴한다. 그리고 이각은 전격적으로 퇴각을 결정한다. 이에 박의장은 이각의 비겁함을 꾸짖으며 홀로 일본군을 향해 돌격한다. 하지만 계란으로 바위를 깰 순 없었다. 결국 이들은 동래읍성의 북쪽에 있는 소산역(현 부산 금정구 선두구동 일대로 추정)으로 퇴각한다. 뒤늦게 밀양 부사 박진의 군대가 소산역에 합류한다.

동래읍성 남문에서는 처절한 전투가 벌어진다. 그런데 읍성은 기본적으로 전투에 적합한 성이 아니다. 평지에 쌓은 크고 낮은 성이기 때문이다. 일본군은 두 시간도 안되서 동래읍성의 취약점을 파악하고는 성 안으로 진입한다. 성 안은 아수라장으로 돌변한다. 동래 백성들은 대나무와 기왓장을 들고 맹렬히 저항한다. 그러자 일본군은 분노하여 또다시 참혹한 학살극을 자행한다. 이 날 동래읍성에서 학살 당한 조선인은 최대 3만 명으로 추정한다. 또한 이 과정에서 양산 군수 조영규는 전사하고 울산 군수 이언함은 포로로 붙잡힌다. 패배를 직감한 송상현은 조정에 나갈 때 입는 옷인 조복을 걸쳐 입고 왕이 계신 한양을 향해 두 번 절한 후 의연히 의자에 앉는다. 이때 한 일본군 장수가 송상현에게 다가온다. 그리고는 성문을 손짓하며 도망가라고 권한다. 추측건대 송상현은 왜란 전 한양과 교토를 오갔던 일본 사신, 즉 대마도주 소 요시토시 일행과 친분이 있었던 듯하다. 동래 부사는 일본 사신을 접대하는 역할도 담당했었기 때문이다. 하지만 송상현은 일본군 장수의 제안을 거절하고 명예롭게 죽음을 맞는다. 전투 중 그가 부모님께 남긴 유언은 지금까지도 전해진다. '적군이 외로운 성을 달무리처럼 에워쌌는데 상급 부대들은 단잠에 빠져 우리를 구하러 오지 않습니다. 임금과 신하 간의 의리가 중하여 부모님께 받은 은혜를 저버리려 하오니 부디 용서해주십시오.'(孤城月暈列陣高枕 君臣義重父子恩輕) 송상현의 충절을 높아 산 일본군은 그의 시체를 거두어 장사지내주고 또 그의 가족들이 그의 무덤을 찾을 수 있도록 따로 표시까지 해둔다.

왜란이 끝난 후인 1608년 동래 부사 이안눌은 동래맹하유감(東萊孟夏有感)이란 시를 짓는데, 내용을 간추리면 이렇다. '임진년에 성이 함락된 4월 14일이 되면 성안의 모든 백성이 곡을 한다. 그날 시쳇더미 속에 숨어 목숨을 건진 사람은 백 명, 천 명 중 한 명에 불과하다. 이들의 곡은 부모가 자식을 위한, 자식이 부모를 위한, 조부모가 손주를 위한, 손주가 조부모를 위한, 남편이 아내를 위한, 아내가 남편을 위한 곡이다. 그래도 곡하는 사람은 덜 슬프다. 일가족이 몰살하여 곡할 사람조차 없는 집이 얼마나 많은가.'

동래읍성전투가 있고 413년이 지난 2005년. 봄과 여름의 경계에서 있는 따스한 4월에 이르러 동래읍성 해자(성 주위를 둘러 판 후 물을 채운 못)를 발견한다. 도시철도 4호선 수안역 건설 공사를 하던 도중이었다. 이 발견으로 동래읍성은 해자가 없는 성이었다는 기존 학설이 뒤집힌다. 헌데 해자의 발견보다 더 놀라운 발견이 있었으니 바로 해자 속에 묻힌 수백의 인골들이었다. 경남문화재연구원의 발굴보고서에 따르면 이곳에서 발굴한 인골들은 모두 동래읍성전투에서 사망한 조선인들로, 이들을 조선인으로 추정하는 까닭은 당시 조선인이 일본인보다 훨씬 큰 신장을 가졌기 때문이다. 또한 이들의 연령대는 5세 미만의 유아를 포함한 10대에서부터 40대까지로 추정한다. 그런데 이들의 두개골 중에는 조총을 맞아 즉사했을 것으로 추정하는 5세 미만의 두개골, 예리한 칼이 아닌 둔탁한 무언가에 맞아 함몰된 것으로 추정하는 두개골, 무릎 꿇은 상태에서 처형된 것으로 추정하는 두개골 등이 있었다. 즉 이들은 일본군에 잔인하게 학살당한 후 해자에 내버려진 것이다. 수안역은 송상현이 수자기를 내걸었던 남문에서 불과 100m도 떨어지지 않은 곳에 설치했다. 현재 수안역 내부에는 동래읍성전투의 흔적을 생생하게 감상할 수 있는 임진왜란 역사관이 설치되어 있으며 수안역의 대합실 바닥에는 송상현이 내걸었던 수자기도 그려져 있다.

동래읍성전투에서 살아남은 사람들

얼마 후 일본군은 소산역을 공격한다. 소산역에 있던 경상 좌병사 이각, 경상 좌수사 박홍, 밀양 부사 박진, 경주 판관 박의장은 또다시 완패하여 이번에는 뿔뿔이 흩어진다. 경상 좌병사 이각과 경상 좌수사 박홍은 경상좌도를 지켜야 할 의무가 있었다. 하지만 이들은 왕을 보호하러 가야한다는 얼토당토않는 핑계를 대며 도망친다. 이각은 도망치는 와중에도 자신의 가산을 챙기는 놀라운 모습까지 보여준다. 얼마 후 이각은 도원수 김명원에 붙잡혀 참수당한다. 박홍은 이후 임진강전투 등에서 공을 세워 간신히 목숨을 부지하지만 얼마 못 가 병사한다. 박진과 박의장은 이후로 혁혁한 공을 세운다. 박진은 죽은 이각을 대신하여 경상 좌병사에 임명되는데, 1592년 9월에는 박의장과 힘을 합쳐 경주성을 탈환하기도 한다. 박진은 전쟁 도중 전라 병마사와 황해 병마사에 오르지만 훗날 명군 장수에게 불미스러운 일을 당해 허무하게 사망한다. 박의장은 왜란 이후까지 살아남아 훗날 다섯 차례나 병마절도사를 지낸다. 동래읍성에서 포로로 사로잡혔던 울산 군수 이언함은 곧 풀려난다. 고니시 유키나가는 계속해서 조선과 강화협상을 시도하는데, 그는 이언함을 풀어주며 조선 조정에 자신의 서신을 전달하라고 명한다. 하지만 이언함은 징계를 받을까 두려워 서신을 버린 후 스스로 도망쳤다고 거짓말한다. 이언함의 거짓말은 얼마 후 자신과 똑같은 이유로 풀려난 역관 경응순에 의해 들통난다. 이언함은 왕을 호위하던 중 병사했다고 전해진다. 경상 감사 김수는 동래읍성의 함락 소식을 듣고는 도망친다. 이 소식을 들은 의병장 곽재우는 불같이 화를 내며 김수를 죽이려 한다. 그러자 김수는 곽재우를 역적으로 몰아간다. 조정은 초유사 김성일에게 둘 사이를 회복시키라고 명한다. 김성일은 일전에 통신사로 일본에 다녀온 후 전쟁은 일으나지 않을 것으로 예상한 인물이다. 전쟁이 발발하자 김성일은 스스로도 죽임당해야 마땅하다고 자책했다. 하지만 사형 당하는 대신 경상 초유사로 임명되어 경상도의 민심을 수습하고, 진주성 등의 요충지에 전투를 대비케 하고, 의병장들을 격려하고, 의병장들 간의 소통을 독려하고, 경상 감사 김수로부터 모함당한 곽재우를 변호하고, 전쟁 초기의 전투 상황을 파악하는 등 쉴 틈도 없이 어마어마한 활약을 펼친다. 김수와 곽재우는 왜란 후까지 살아남고 김성일은 1593년 병사한다.

경상 좌수영에 관련한 이야기

동래에서 가장 핵심적인 군사 시설은 경상 좌수영이었다. 하지만 막상 전쟁이 발발하자 경상 좌수영은 아무런 역할도 하지 못했다. 부산진성과 다대진성이 목숨을 바쳐 적의 진격을 지연하던 4월 13일과 14일에 그들을 지휘해야 했을 박홍은 무엇을 했는지 알 수 없다.

이기대공원의 끝자락에 있는 오륙도,
수평선의 빨간 선박과 돌섬 사이로 흐릿하게 보이는 곳이 대마도다.

무엇보다도 경상 좌, 우수사인 박홍과 원균은 일본군과 맞붙기도 전에 각 수영에 있는 수십 척의 판옥선을 수몰시켰다. 이들의 선택은 임진왜란에서 가장 논란이 많은 사건 중 하나다. 4월 15일 박홍은 경상 좌수영성을 버리고 동래읍성 외곽에 있던 경상 좌병사 이각에게 합류한다. 초유사 김성일의 기록에 따르면 박홍은 화살 한 개도 쏘지 않고 경상 좌수영성을 버렸다. 동래 백성들이 느낀 실망감은 컸다. 선조실록에는 남쪽 지방 사람들이 박홍의 살점을 씹고자 할 정도로 분노했다는 기사가 실려 있다. 이 때문인지 경상 좌수영과 관련한 기록이 많은데, 이 중에서 두 이야기를 소개하려 한다.

좌수영성에 무혈입성한 일본군은 신이 나서 잔치를 벌인다. 잔치에는 조선인 기녀들도 참여한다. 그런데 두 명의 기녀가 술 취한 일본군 장수를 끌어안고 물속에 몸을 던져 자결한다. 두 기녀는 애초에 일본군 장수의 목숨을 노리고 잔치에 참여한 것이었다. 두 기녀가 몸을 던진 곳은 현재 부산 남구에 있는 이기대공원으로 전해진다. 이기대(二妓臺)의 유래는 두 가지 설이 있다. 하나는 두 기녀의 무덤이 있는 곳이라 하여 이기대가 됐다는 것이고 다른 하나는 의로운 기녀가 몸을 던진 곳이라 하여 의기대(義妓臺)가 됐는데, 시간이 흘러 의기대가 이기대로 변형했다는 것이다.

좌수영성이 일본군에 넘어가자 백성들은 분노한다. 김옥계 등 25명의 백성은 좌수영성을 수복하기 위해 결사대를 꾸린다. 이들은 끈질기게 게릴라전을 펼치며 일본군을 괴롭히지만 좌수영성을 수복하는 데는 실패하고 모두 전사한다. 앞서 동래맹하유감이란 시를 지은 이로 소개했던 동래 부사 이안눌은 〈정방록(旌傍錄)〉이란 책을 적어 25명의 의병 활동을 알린다. 훗날 조선 조정은 25명의 후손들에게 모든 역(役)을 면제해준다. 현재 도시철도 수영역 인근에 있는 수영사적공원은 옛 경상 좌수영의 터다. 이곳에는 좌수영성의 남문이었던 홍예문과 김옥계 등 25명의 용사를 기리는 25의용단이 있다.

북진하는 일본군과 반격하는 조선군

일본은 조선의 제승방략체제를 알고 있었다. 그리하여 조선군보다 먼저 조선군 집결지를 점령한다는 전략을 가지고 조선을 침략했다. 그런데 첫 전투지였던 부산진성에서 예상치 못한 이틀의 시간을 허비했다. 그리하여 어쩔 수 없이 동래읍성에서 큰 전투를 치뤘다. 하지만 이게 전부였다. 이후 일본군은 조선군보다 먼저 조선군 집결지를 점거하는 데 성공한다. 조선군이 제대로 된 편제조차 하지 못하여 줄줄이 무너지는 사이 일본군은 밀양, 대구, 상주를 지나 순식간에 문경새재를 넘는다. 류성룡은 〈징비록〉에서 만약 조선이 전쟁 초기에 적절한 방어 태세를 갖췄다면 일본군은 조령(鳥嶺), 즉 문경새재를 넘지 못했을 것이라고 회고했다. 하지만 일본군은 천혜의 요새인 문경새재를 피 한 방울 흘리지 않고 넘었고 탄금대(현 충북 충주시 칠금동)에서 조선 최고의 명장 신립이 이끄는 기병대를 몰살한 후 한강을 넘어 마침내 한양 도성에 도착한다. 조선 땅을 밟은 지 불과 20일 만의 일이다. 그런데 한양은 텅 비어 있었다. 조선 14대 왕 선조는 이미 한반도 서북쪽 끝에 있는 의주로 피난 중이었다. 일본군은

임진왜란 주요 전투지

당황한다. 당시 일본인들은 성주가 죽거나 항복하면 전투가 끝난다고 생각했었다. 당연히 성주가 성을 버리는 법은 없었다. 하지만 이는 일본 열도 안에서만 통용되는 전쟁 규칙이었을 뿐이었다. 한양에 도착한 일본군은 패닉 상태에 빠진다. 이후 선조는 명으로 망명을 시도한다. 하지만 신하들의 간곡한 만류로 망명을 철회하고 대신 분조(分朝), 즉 조정을 둘로 나눈 후 세자 광해군에게 조정의 반을 맡긴다. 명은 조선을 의심한다. 고구려의 후계인 조선이 이토록 쉽게 무너질 리 없다고 생각했기 때문이다. 명 조정에서는 조선을 믿고 군대를 파병해야 하는지에 대한 문제를 두고 갑론을박이 펼쳐진다.

일본군은 정신을 차린 후 황해도, 평안도, 강원도, 함경도 등지를 공격한다. 또한 전쟁이 장기화될 것을 염려하여 시급히 보급로를 확보하려 한다. 그런데 1592년 음력 5월 7일 옥포(현 경남 거제시 옥포동)에 있던 일본 수군이 조선 수군의 공격을 받아 대패하는 뜬금없는 사태가 일어난다. 설상가상으로 조선군 10만 명이 한양으로 북진하고 있다는 소식까지 전해진다. 실제로 전라 감사 이광, 충청 감사 윤선각 등은 무려 8만의 병력을 끌어 모아 한양으로 진격하고 있었다. 일본군은 바짝 긴장한 상태로 조선의 대군을 찔러본다. 그런데 오합지졸이었던 조선군은 고작 2천도 안 되는 일본군의 기습에 놀라 혼비백산하며 도망한다. 기세가 오른 일본군은 본격적으로 한반도 최대 곡창 지대인 전라도로 향한다. 사실 경상도에 주둔하던 일본군은 계속해서 전라도를 공격하고 있었다. 하지만 정인홍, 곽재우, 김면의 의병대가 맹활약하며 일본군의 전라도 진격을 막고 있었다. 결국 일본군은 경상도가 아닌 충청도에서 전라도로 진입하기로 결심한다. 이때 충청도와 전라도로 잇는 길목인 웅치(현 전북 완주군 소양면 곰티터널 부근)와 이치(현 전북 완주군 운주면 대둔산 공용버스터미널 부근)에는 조선군이 포진해 있었다. 7월 7일 일본군은 웅치의 방어선을 간신히 뚫고 전라도에 진입하지만 8일 새벽 황진이 이끄는 조선군의 기습을 받아 궤멸한다. 같은 날인 7월 8일 일본 수군은 조선 수군의 공격을 받아 한산도(현 경남 통영시 한산면 부근)에서 궤멸한다. 일본 수군은 조선 수군과의 압도적인 전력 차이에 엄청난 충격을 받는다. 그리하여 해로를 통한 보급 계획을 포기한 후 부산포에 틀어박혀 꿈쩍도 하지 않는다. 보급을 받을 수 없게 된 충청도의 일본군은 다시 한번 전라도를 공격한다. 그리고 이번에는 웅치가 아닌 이치를 공격한다. 하지만 권율과 황진 등이 이끄는 조선군의 방어선은 단단했다. 일본군의 패색이 짙어지던 와중에 고경명과 의병들이 일본군의 배후에 있는 금산성(현 충남 금산군 금성면)을 공격한다. 일본군은 어쩔 수 없이 이치를 포기하고 금산성으로 돌아간다. 고경명과 의병들은 일본군에 대패하고 고경명은 전사한다. 그러나 일본군의 사기는 바닥으로 떨어진다. 그리고 얼마 후 부산포에 있던 일본군이 충격적인 첩보를 입수한다. 조선 수군이 부산포로 향하고 있다는 첩보였다.

부산포해전

전라 좌수사 이순신은 이미 5월부터 7월까지 총 3차례 출전하여 옥포, 당포, 한산도 등지에서 왜선 200척 이상을 격침했다. 그리고 이제 전라 우수영, 경상 우수영과 연합하여 그의 4번째 출전을 떠난다. 목표는 일본군의 전초기지였던 부산포였다. 이 소식을 들은 일본군은 초비상이 걸린다. 동래를 뺏기면 일본군 전체가 조선에 갇히는 꼴이었기 때문이었다. 그리하여 일본군은 조선 수군이 부산포에 상륙하는 것만은 막겠다는 지극히 방어적인 전략을 세운다. 조선 수군은 8월 29일 낙동강 하구의 장림포를 시작으로 9월 1일에는 화준구미, 다대포, 서평포, 절영도, 초량목에서 왜선 수 척씩을 잇따라 격침한다. 그리고 마침내 부산포에 도착하여 일본군 주력 부대와 상봉한다. 이때부터 조선 수군의 일방적인 공격이 시작된다. 조선 수군은 왜선을 향해 무자비한 포탄을 발사한다. 겁에 질린 일본 수군은 육지로 도망친 후에 총, 포, 활을 쏘며 반격한다. 그러나 이들의 공격은 조선 수군에 닿지도 못한다. 일본군은 무려 100척 이상의 전함이 수몰되는 모습을 망연히 바라만 본다. 조선 수군의 화력이 압도적으로 강한 탓에 감히 반격할 엄두조차 내지 못한 것이다. 조선 수군은 하루 종일 포탄을 쏟아 붓고는 유유히 부산포를 빠져 나간다. 어찌 됐든 일본군은 애초의 목표였던 조선 수군의 상륙을 막는 데는 성공한 것이다. 하지만 이후로 일본군은 조선 수군에 대한 공포심을 갖는다. 또한 해로를 통한 일본군의 보급 계획은 완전히 폐기된다. 그 결과 북진하던 일본군은 식량과 무기 부족에 허덕인다. 한편 이순신은 애초에 지상으로 상륙할 의지가 없었다. 기병이 지키는 부산진성을 수군 병력만으로 수복할 수 없다고 생각했다. 이순신은 일본군의 해전 의지를 꺾는 것에 만족했으며 이 때문에 부산포해전이 지금까지의 어떤 승리보다도 더 큰 승리라고 자부했다. 하지만 부산포해전에서 이순신은 자신이 가장 아끼던 장수였던 녹도 만호 정운(鄭運)을 잃는다. 정운은 이순신이 전라도 바다를 뒤로한 채 경상도 바다로 출전하는 것이 옳은가를 고민할 때에 경상도 바다를 지켜야만 전라도 바다도 지킬 수 있다며 충언했던 인물이기도 하다. 정운이 전사한 곳은 다대포 해수욕장의 끝자락에 있는 몰운대 앞바다로 전해진다. 몰운대는 해운대의 동백섬처럼 육지와 연결된 목섬이며 그 이름은 물안개에 가려져 보이지 않는다는 뜻이라고 전해진다. 정운은 전투 전부터 몰운대의 운(雲)과 자신의 이름 운(運)이 같은 음이므로 자신이 이곳에서 죽을 것이라고 예견했다고 한다. 현재 몰운대에는 정운의 죽음을 기리는 정운공 순의비(鄭運公 殉義碑)가 세워져 있다.

한편 1980년 부산시는 부산 시민의 날을 제정하기 위해 시민들의 의견을 수렴했다. 이때 최종 후보로 오른 두 날이 바로 동래읍성이 함락되고 동래 부사 송상현이 전사한 날과 전라 좌수사 이순신이 부산포해전에서 승리한 날이었다. 투표 결과 부산포해전이 선정됐고 1592년 음력 9월 1일을 양력으로 변환한 10월 5일을 부산 시민의 날로 선정했다.

다대포해수욕장 끝자락에 있는 몰운대. 얼마 전까지는 군사 시설로 출입이 통제된 곳이었다.

임진왜란의 끝

한반도 북쪽으로 진격하던 일본군은 이제 식량 확보에 목숨을 건다. 자급자족하며 겨울을 지내야 했기 때문이다. 당시 선조를 쫓아가던 일본군은 황해도를 넘어 평양까지 진격해 있었는데, 이들은 황해도의 곡창 지대를 확보하려 한다. 그런데 이정암과 의병들이 황해도의 연안성을 기습 점거한다. 일본군은 다급히 연안성을 공격하지만 끝내 점령하지 못하여 9월 2일 퇴각한다. 그리하여 일본군은 다시 한번 전라도를 공격한다. 전라도를 확보하면 식량은 물론이고 전라 좌수영과 우수영까지 공격할 수 있었다. 일본군은 대대적인 병력을 동원하여 경상도와 전라도를 잇는 길목인 진주성을 공격한다. 이 소식을 접한 일대의 조선군과 의병들이 대거 진주성에 집결한다. 진주 목사 김시민이 이끄는 진주성은 10월 4일부터 일주일 넘게 이어진 일본군의 공격을 모두 막아낸다. 이 과정에서 일본군은 무려 만 명이 넘는 전사자가 발생한다. 결국 일본군은 무기력하게 퇴각한다.

한편 함경도에서는 쿠데타가 일어난다. 함경도는 조선 시대에 가장 차별 받던 지역이었다. 쿠데타 세력은 선조의 아들이었던 임해군과 순화군을 사로잡아 일본군에 바치며 항복한다. 이처럼 일본군에 투항한 조선인들을 순왜(順倭)라고 한다. 기세가 오른 일본군은 두만강을 건너 여진족을 공격한다. 하지만 여진족의 반격에 큰 타격을 입고는 함경도의 최남단인 안변까지 내려온다. 그 사이 정문부와 의병들이 일어나 순왜들을 처단하고, 벌집을 공격당한 것 마냥 미쳐 날뛰던 여진족을 진압하고, 일본군에 압도적인 승리를 거둔 후 함경도를 되찾는다.

평양성을 점령한 일본군은 보급품 부족에 시달린다. 이후 한반도의 겨울이 찾아오고 명군마저 참전한다. 결국 일본군은 평양성을 버리고 한양으로 후퇴한다. 명군은 기세등등히 한양으로 향한다. 그런데 벽제관(현 경기도 고양시 덕양구)에서 일본군의 기습을 받아 후퇴한다. 이로써 명군과 합류하기 위해 벽제관 근처의 행주성에 와 있던 권율의 부대가 고립된다. 1593년 음력 2월 12일 일본군은 행주성을 공격한다. 하지만 권율이 이끄는 조선군은 악착 같이 반격하고, 때마침 조선 수군이 한강에 등장한다. 이 소식을 들은 일본군은 부리나케 퇴각한다. 한편 명군은 벽제관전투 이후로 모든 전투를 회피한다. 남의 나라 간의 전쟁에서 목숨을 잃고 싶지 않았던 것이다. 명군은 일본군과 강화협상을 맺고는 일본군이 무사히 경상도로 후퇴할 수 있도록 보호한다. 이후 일본군은 동래를 비롯한 남해안 일대에 왜성을 쌓아 장기전을 대비한다. 그런데 6월 22일 일본군이 뜬금없이 진주성을 공격한다. 일주일 넘게 이어진 공격 끝에 진주성은 함락되고 성 안에 있던 6만여 명의 조선인이 무참히 학살당한다. 아무런 의미도 없는 이 전투는 도요토미 히데요시가 일전에 진주에서 겪었던 치욕을 갚기 위해 명령한 것이었다. 이후로 약 4년 간의 휴전이 이어진다.

명과 일본의 강화협상은 끝내 결렬된다. 사실 애초부터 결렬될 협상이었다. 전쟁을 하고 싶지 않았던 명군과 일본군이 자국 조정에 거짓말을 하면서까지 벌였던 강화협상이었기 때문이다. 1597년 음력 8월 도요토미 히데요시는 또다시 조선에 군대를 파병하여 전쟁을 일으킨다. 한편 조선에서는 큰 사태가 일어났는데, 삼도 수군 통제사 이순신이 원균의 모함을 받아 백의종군하고 대신 원균이 통제사 자리에 올라 있었다. 7월 15일 원균이 이끄는 조선 수군은 칠천량(현 경남 거제시 하청면의 바다)에서 일본 수군을 공격하러 갔다가 되레 궤멸한다. 이로써 일본군은 그토록 원하던 남해안을 장악한다. 조선은 다급히 이순신을 통제사로 재임명한다. 그 사이 일본군은 전라도에 진입하여 남원성(현 전북 남원시)을 함락하고는 한양을 향해 북진한다. 하지만 직산(현 충남 천안시 서북구 직산리)에서 명군에 패해 일단 진격을 멈춘다. 그리고 9월 16일 이순신이 명량(현 전남 진도군 군내면 진도울돌목)에서 고작 13척의 판옥선으로 133척의 왜선을 격파하는 믿을 수 없는 대승을 거둔다. 이로써 한양으로 향하던 일본군은 또다시 보급 문제를 겪고 끝내 북진을 포기하여 남해안의 왜성으로 후퇴한다. 이제 상황은 반전하여 조명 연합군이 울산, 사천, 순천 등지의 왜성을 공격한다. 하지만 견고한 왜성을 무너뜨리는 데는 실패한다. 이후 명 수군이 조선 수군에 합류한다. 이 소식을 들은 일본 수군은 긴급히 조명 연합 수군을 공격하지만 절이도(현 전남 완도군 고금도)에서 궤멸한다. 그리고 1598년 음력 8월 18일 전쟁의 원흉이었던 도요토미 히데요시가 사망한다. 일본군은 지긋지긋한 조선 땅을 하루 빨리 벗어나기 위해 서둘러 퇴각을 준비한다. 하지만 조선은 일본군을 고이 돌려보낼 생각이 없었다. 조선 수군은 순천왜성의 일본군이 본국으로 돌아갈 수 없도록 광양 앞바다를 틀어 막는다. 순천의 일본군은 명 장수들에게 뇌물을 바쳐 퇴각할 길을 열어달라고 간청한다. 명 장수들은 뇌물을 받고 길을 터주지만 조선 수군은 포위를 풀지 않는다. 그런데 이 소식을 접한 사천, 남해, 거제, 동래 등지의 일본군이 순천의 일본군을 구하기 위해 서진한다. 조선 수군이 되레 양면 공격을 받게 된 꼴이 된 것이다. 결국 조선 수군은 서진하는 일본군을 막기 위해 노량(현 경남 하동군 금남면 노량항 앞바다)으로 나선다. 명 수군도 어쩔 수 없이 참전한다. 이리하여 11월 19일 노량에서는 임진왜란의 최대 해전이자 조선, 명, 일본 수군의 전례 없는 육박전이 펼쳐진다. 그런데 순천의 일본군은 자신들을 구하러 온 동료들을 배신한 채 부산포로 우회하여 도망한다. 뒤늦게 이 사실을 알아챈 노량의 일본 수군은 황급히 퇴각하려다 그만 관음포(현 경남 남해군 고현면 차면리)에 갇힌다. 조명 연합 수군은 관음포에 갇힌 일본 수군을 공격하여 궤멸한다. 이 전투에서 이순신이 전사한다. 간신히 살아남은 일본군은 동래에 집결한 후 일본으로 퇴각한다. 이로써 7년 간의 전쟁이 끝난다. 노예와 다름 없는 삶을 살았던 동래 백성들도 마침내 자유를 얻는다.

초량왜관의 탄생

온 국토는 폐허로 변했다. 조선은 시급히 전후 복구 사업을 시행해야 했다. 하지만 전쟁을 막 끝낸 나라에 돈이 있을 리 만무했다. 이런 어수선한 상황에서 일본이 조선에 뜬금없는 요구를 한다. 바로 왜관을 개방하라는 것이었다. 조선은 고민에 빠진다. 왜관을 개방하자니 일본 첩자들이 활약할까 염려됐고, 왜관을 개방하지 말자니 일본이 이를 빌미 삼아 전쟁을 일으킬까 염려됐다. 그리하여 조선은 동래

조선 후기 동래의 주요 지역

의 절영도에 임시 왜관을 개방하지만 이전과는 달리 일본인들이 동래 밖을 벗어나지 못하도록 철저하게 감시한다. 그리고 외교의 중요성을 고려하려 동래를 또다시 현에서 부로 승격시킨다. 왜란 도중 동래는 외적을 막지 못했다하여 부에서 현으로 강등됐었다.

그런데 왜란 이후 동아시아는 권력 재편 과정을 겪는다. 이런 중차대한 시점에서 조선은 몰락하는 명을 지지하고 떠오르는 청을 무시하는 최악의 수를 둔다. 왜란 전이나 후나 국제 정세를 전혀 읽지 못한 것이다. 청을 무시한 대가는 1627년 정묘호란과 1636년 병자호란이었다. 두 번의 왜란과 호란을 겪은 조선은 결국 재정 파탄 상태에 빠진다. 그런데 진짜 최악은 따로 있었다. 1670년과 1671년 조선에는 한반도 역사상 최악의 기근이라는 경신 대기근이 찾아온다. 경신 대기근 때 무려 100만 명 이상이 사망한 것으로 추정한다. 왜란, 호란, 경신 대기근을 단 80년 사이에 겪은 나라가 멸망하지 않았다는 사실이 신기할 정도다.

조선이 최악의 상황으로 곤두박질하는 동안 일본은 이를 전혀 아랑곳하지 않고 자신들의 요구 사항을 꿋꿋이 전달한다. 조선은 1607년 임시 왜관인 절영도왜관을 폐쇄하고 정식 왜관인 두모포왜관을 신설한다. 두모포왜관은 현재의 부산 동구청 인근에 있었으며 이곳은 조선 후기 부산진성이 있었던 자성대공원에서 불과 약 1.5km 떨어진 곳이다. 사실 조선이 이곳을 왜관 부지로 선정한 까닭은 부산진성에서 감시하기에 적합하기 때문이었다. 하지만 두모포왜관은 여러 문제을 안고 있었다. 왜관 부지가 좁았고, 왜관을 출입하는 포구의 크기도 작았으며, 포구의 수심마저 얕았다. 일본인들은 처음에는 불편을 감수한다. 하지만 점차 무역량이 많아지자 불만을 토로하기 시작한다. 전북대학교 장순순 교수가 2001년 발표한 논문 〈조선시대 왜관변천사 연구〉에 따르면 일본은 1640년부터 30년간 8차례에 걸쳐 공식적으로 왜관의 이전을 요청한다. 그러나 조선은 약간의 개보수만 할 뿐 국방상의 이유로 왜관의 이전 요구를 무시한다. 그도 그럴 것이 조선은 재정 악화 상태에 있었으며 이 문제를 차치하고서라도 100년도 안 된 왜관을 단지 사용하기 불편하다는 이유만으로 옮길 수는 없는 노릇이었다. 하지만 일본은 왜관을 이전하여 더 큰 이익을 도모하길 바랐다. 그리하여 일본 막부는 왜관 이전

용두산공원 꼭대기에 있는 부산타워. 용두산공원은 초량왜관의 중앙부에 있었으며,
일본인들은 산의 동쪽을 동관, 서쪽을 서관이라 불렀다.

에 관한 협상 담당자였던 대마도주의 직(職)을 왜관 이전의 성공 여부와 맞물려 버린다. 대마도주는 하루 아침에 도주 자리를 잃게 생긴 것이다. 이후 대마도주는 아주 강경한 사신을 동래에 보낸다. 막중한 임무를 받은 일본 사신은 조선에 도착하자마자 온갖 행패를 부리며 왜관의 이전을 요구하고, 조선이 왜관의 이전을 허락하지 않으면 자신은 동래에서 늙어 죽겠다고 맹세한다. 그러던 어느 날 이 자가 갑자기 사망한다. 조선에게는 대형 악재가 아닐 수 없었다. 이후로 대마도주는 자신의 직이 왜관의 이전과 맞물려 있다는 사실을 다시 한번 설명하고, 이전보다 훨씬 높은 급의 사신을 파견하고, 자신들이 요구하는 위치가 아닌 조선이 원하는 위치에 왜관을 이전해도 상관없다는 등의 유연한 반응을 보인다. 결국 조선은 군사 요충지가 아닌 곳, 즉 동래의 다대포 또는 초량이라면 왜관의 이전을 허락한다고 통보한다. 일본은 두 곳 중에서 초량을 선택한다. 이리하여 조선은 1678년 현재의 부산 중구 용두산공원 일대에 초량왜관을 개관한다. 초량왜관은 부산진성과 낙동강의 중간 지점이었다.

한편 두모포왜관이 있었던 부산 동구청 일대에는 고관마을이 있다. 고관마을은 본래 '옛날에 왜관이 있었던 곳'이라 하여 구관(舊館) 마을이었는데, 이것이 변형되어 고관마을이 됐다. 또한 두모포왜관은 엄밀히 말해서 부산포에 해당한다. 이 일대에는 두모포라는 포구가 없다. 두모포는 본래 기장에 있었던 포구이며 과거에는 기장의 두모포에 진성을 설치했었다. 조선 초기에 쌓은 부산진성은 바로 두모포진성을 이설한 것이다. 그리고 이때 '두모포'라는 이름을 함께 들여온 것으로 보인다.

왜란이 끝난 후 동래 부사 송상현은 일약 영웅으로 등극한다. 외로운 성을 지키다 순국한 송상현의 최후는 선비들에게는 유교의 본보기였고 백성들에게는 전쟁 영웅의 모습이었다. 동래에는 송상현을 기리는 사당인 송공사(宋公祠)가 세워진다. 선비들은 한 발 더 나아가 왕이 직접 송공사의 이름을 지어주길 요구한다. 왕이 건물이나 문 등에 직접 이름 내리는 것을 사액(賜額)이라고 한다. 조선 16대 왕 인조는 송공사에 충렬(忠烈)이라는 사액을 내리고 이곳에 부산진성에서 순국한 정발의 위패도 함께 모시도록 한다. 이리하여 송공사는

임진왜란의 영웅들을 모신 충렬사. 내부에는 안락서원이 있다.

충렬사(忠烈祠)가 된다. 이 충렬사는 지금까지도 부산 동래구 안락동에 남아 있다. 이후 조선 17대 왕 효종은 송상현에게 충렬(忠烈)의 시호를 내리고 조선 19대 왕 숙종은 정발에게 충장(忠壯)의 시호를 내린다. 또한 숙종은 동래읍성전투에서 순국한 양산 군수 조영규, 동래 교수 노개방, 동래부 백성 김상 등의 위패도 충렬사에 함께 모시도록 한다. 조선 21대 왕 영조 때에는 충렬사와 구분되는 송공단, 정공단, 윤공단을 설치한다. 세 제단을 따로 설치한 까닭은 송상현, 정발, 윤흥신 외에도 각 성에서 순국한 모든 분을 모실 장소가 필요했기 때문이다. 현재 송공단은 동래구 복천동의 동래시장 내부에, 정공단은 동구 좌천동의 일신기독병원 옆에, 윤공단은 사하구 다대동의 다대초등학교 길 건너편에 있다. 또한 영조는 윤흥신의 위패도 충렬사에 함께 모시도록 한다. 이리하여 동래는 마침내 왜란 때 순국한 모든 영웅을 모신다.

충신열사들의 흔적은 동래의 교육 환경에도 큰 영향을 미친다. 조선의 대표적인 교육 시설로는 향교(鄕校)와 서원(書院)이 있다. 향교는 현재의 국립 중고등학교, 서원은 현재의 사립 중고등학교로 이해할 수 있다. 향교는 국가가 직접 운영했다. 그리하여 전국의 부, 목, 군, 현마다 하나씩 설치했다. 반면 서원은 민간에서 운영했다. 서원은 보통 그 지역에서 본받을 만한 사람이 있을 때에 지역 유지들이 돈을 모아 설치했다. 현재 부산시에는 동래향교와 기장향교가 있다. 한 지역에 두 개의 향교를 설치한 것이 아니다. 조선 초기에 동래와 기장은 서로 다른 지역이었다. 동래향교는 왜란 때 파괴된 후 재건했고, 이후로도 여러 차례 이전하다가 19세기 초에 현재 위치인 부산 동래구 명륜동으로 이전한다. 한편 전국 각지에는 명륜동(明倫洞), 교동(校洞), 교리(校里)라는 지명이 많다. 이곳들은 과거 향교가 있었던 지역일 가능성이 높다. '명륜'은 당시 교육기관의 강당으로 사용한 건물의 이름이고, '교동'과 '교리'는 향교가 있는 지역이라는 뜻이다. 반면 조선 초기 동래 지역에는 서원이 없었다. 하지만 왜란 후 송공사가 생기고, 송공사가 왕이 사액 내린 충렬사로 발전하면서 자연스레 서원이 생긴다. 사당과 서원은 하나의 묶음으로 이해해야 한다. 충렬사의 서원에는 안락(安樂)이라는 이름이 지어진다. 이것이 부산 동래구 안락동의 유래다. 안락서원처럼 국가로부터 인정받은 서원을 사액서원이라고 한다. 그런데 조선 후기로 갈수록 서원은 많아지고 부패한다. 많은 땅을 차지하면서도 세금은 내지 않았기 때문이다. 대대적인 개혁을 꿈꾼 흥선대원군은 권력을 쥔 후 곧장 서원 철폐 작업을 진행한다. 이때 살아남은 서원은 안락서원을 포함한 전국 47개의 사액서원뿐이었다. 한편 전국 각지에는 원동(院洞), 원리(院里)라는 지명이 많다. 이곳들은 과거 서원이 있었던 지역일 가능성이 높다. '원동'과 '원리' 모두 서원이 있는 지역이라는 뜻이다. 과거 충렬사 일대는 '안락리', '충렬사리' 등으로 쪼개져 있었는데, 이 지역들을 통폐합한 후 그 이름을 '원리'로 고친다. 하지만 일제강점기에 '원리'는 재차 '안락리'로 바뀌고, 이 이름이 지금까지 이어지고 있다. 현재 충렬사 옆에는 서원시장이 있다. 서원시장의 뜻은 안락서원 옆의 시장 정도로 이해할 수 있다. 또 현재 부산 동래구 안락동과 부산 해운대구 재송동은 수영강을 경계로 구분되는데, 두 지역을 잇는 다리의 이름은 원동교다. 원동교를 굳이 해석한다면 서원 혹은 원동으로 가는 다리 정도가 될 것이다. 현재 원동교에는 광역철도 동해선 부산원동역이 설치되어 있다.

송상현을 기리는 공간은 한 군데 더 있다. 바로 부산 부산진구 범전동에 있는 송상현광장이다. 이곳은 본래 마비현(馬飛峴) 또는 모너머고개로 불린 야트막한 고개였다. 과거에는 이 고개를 경계로 동래읍성과 부산진을, 읍내 사람과 갯사람을 구분했다고 한다. 이 고개는 일제강점기와 산업화 기간 동안 여러 차례 깎여 지금의 평지가 됐고 이후 송상현을 기리는 뜻에서 송공(宋公)삼거리로 불렸다. 그리고 2014년에 송상현광장을 설치했다. 송상현광장은 전국 최대 규모의 도심 광장이며 광장의 끝에는 모너머고개 재현 숲과 송상현의 동

송상현광장에 있는 송상현 동상.
송상현광장이 있는 자리는 과거에 모너머고개가 있던 곳이다.

상이 있다. 한편 도시철도 1호선 초량역 근처에는 정발의 동상이, 부산진역 근처에는 윤흥신의 동상이 있다. 개인적으로는 세 분의 동상이 모두 적합한 자리에 있다고 생각하지 않는다. 정발의 동상은 부산진성 근처에, 윤흥신의 동상의 다대진성 근처에, 송상현의 동상은 동래읍성 근처에 있어야 합당할 것이다. 현재 서울시에는 세종로, 충무로, 을지로 같은 우리나라 대표 위인들의 이름을 딴 도로명이 많다. 부산시도 정발, 윤흥신, 송상현의 이름을 딴 도로명을 만들고 각 도로에 세 분의 동상을 세우면 좋을 것 같다. 지역 특색을 나타내는 데엔 이보다 좋은 방법이 없을 것이다.

동래시장, 동래부 동헌, 동래읍성

경신 대기근 때 바닥을 찍은 조선의 재정 상태는 점차 안정세로 접어든다. 그 결과 조선 팔도에서 전후 복구 사업을 차근차근 진행한다. 동래부의 상징이었던 동래읍성은 영조 때인 1731년 완공한다. 동래읍성이 함락된 지 130여 년 만의 일이다. 새로운 동래읍성은 기존의 위치에 이전보다 훨씬 큰 규모로 설치한다. 사실 신라 때에 쌓은 동래고읍성과 고려 때에 쌓은 동래읍성의 정확한 둘레는 알 수 없다. 과거의 길이 단위인 척(尺)은 시대에 따라 그 실제 길이가 달랐기 때문이다. 두 읍성의 둘레는 약 1km 정도였다고 추정한다. 반면 새 동래읍성의 둘레는 무려 3.8km다. 이 둘레는 성이 남아있을 때 측정한 것이므로 정확하다. 조선이 동래읍성의 규모를 대폭 확장한 까

조선 후기 동래부의 달라진 위상을 보여주는 동래독진대아문.
지금의 동래부 동헌에서는 조선 후기의 위상을 느낄 수 없다.

닮은 동래의 위상이 올라갔기 때문이다. 왜란 이전의 동래는 단독 군사 지휘권이 없었다. 이 때문에 경상 좌병사 이각이 동래읍성의 전투를 지휘해야 했었다. 반면 왜란 이후의 동래는 단독 군사 지휘권을 가진 명실상부 대도시로 변모한다. 그리하여 동래 부사의 집무실이자 현재의 시청에 해당하는 동헌(東軒)도 크게 설치한다. 동래부 동헌에는 '단독 군사 권한을 가진 큰 도시 동래의 아헌(동헌)으로 들어오는 문'이라는 뜻의 동래독진대아문(東萊獨鎭大衙門)도 설치한다.

한편 일제강점기에 이르러 동래읍성과 동헌은 대부분 철거된다. 일본이 동래읍성과 동래부 동헌을 우리 민족의 상징으로 바라본 까닭이다. 하지만 일본도 시장만큼은 없앨 수 없었다. 사람들이 필수적으로 이용하는 공간을 없앴다간 그 후폭풍을 감당할 수 없을 것이 분명했다. 그리하여 동래읍성 안에 있던 시장은 항일운동의 중심지가 된다. 이곳 뿐만 아니라 우리나라에서 일어난 항일운동의 대부분은 시장을 거점으로 전개된다. 그렇다면 동래부에는 어떤 시장이 있었을까. 1770년 편찬한 〈동국문헌비고〉에 따르면 조선 동래부에는 동래 읍내장, 좌수영장, 부산장, 독지장, 하단장이 있었다. 참고로 이 시기의 시장들은 모두 닷새마다 서는 오일장이었다. 다섯 시장이 형성된 시기는 알 수 없다. 다만 1770년보다 이전인 것은 분명하다. 특히 좌수영장과 하단장은 모두 자연적으로 만들어진 포구인 해운포와 하단포 근방에 형성한 시장이다. 따라서 이 시장들의 형성 시기는 어쩌면 고려나 신라 때일 수도 있다. 동래 읍내장은 일제강점기인 1937년에 언제든지 이용할 수 있는 상설시장으로 바뀐다. 이 상설시장이 바로 현재 부산 동래구 복천동에 있는 동래시장이다. 그리하여 자리를 뺏긴 오일장은 여러 곳을 전전하며 간신히 명맥을 유지했고 현재는 부산종합버스터미널이 있는 도시철도 1호선 노포역 앞으로 이전하여 노포장 또는 오시게장으로 불리고 있다. 이러한 까닭에 동래 읍내장의 전통을 이어받은 시장을 동래시장으로 보기도 하고 노포장으로 보기도 한다. 또한 좌수영장은 현재 수영팔도시장으로, 부산장은 현재 부산진시장으로, 하단장은 현재 하단상설시장으로 변모했고, 독지장은 사라져 그 위치를 알 수 없다.

일제강점기에 해체된 동래읍성과 동래부 동헌은 여전히 복구 사업을 진행 중이다. 우선 동래부 동헌부터 살펴보자. 화려한 빌딩 숲

오랜 전통을 가진 동래시장

빛바랜 담장을 경계로 현대와 선명히 구분되는 동래부 동헌

속 왕의 궁전들만큼은 아니지만 동래부 동헌에서도 시간 여행을 느낄 수 있다. 동래시장의 시멘트 건물들 사이에서 한껏 예스러움을 뽐내는 기와 건물들은 동래부 동헌의 빛바랜 돌담을 경계로 선명하게 구분된다. 앞서 언급했듯이 동래부 동헌은 일제강점기에 대부분 해체됐다. 하지만 우리 선조들은 동래부 동헌을 지키기 위해 힘썼다. 그리하여 동헌의 몇몇 부속 건물들을 기어이 금강공원으로 이전시켰다. 이 건물들은 한참의 세월이 흐른 2014년에서야 본래의 자리로 되돌아왔다. 동래부 동헌의 입구 옆에 서 있는 동래독진대아문과 동헌 내부에 설치한 망미루가 바로 그 건물들이다. 또한 동래부 동헌의 중심 건물이었던 충심당과 연심당은 일제강점기에도 제자리를 지킨 유이한 건물들이다. 아쉽지만 이 외의 부속 건물들은 모두 최근에 복원한 것들이다. 또한 현재의 동래부 동헌의 터는 18세기의 터보다 훨씬 좁다. 도시 개발로 인해 자리를 뺏긴 탓이다. 하지만 동래부 동헌은 관광지로 소개하기에 부족할 정도는 아니다. 특히 동래시장을 둘러보다가 잠시 쉬며 둘러볼 곳 정도라고 생각하는 사람들에게는 의외로 깊은 감동을 줄 수 있는 공간이다.

동래읍성은 현재 북문, 인생문, 북장대, 서장대, 동장대, 성벽 일부 등을 복원한 상태다. 부산 동래구 곳곳에는 동래읍성 성벽 모양을 본떠 만든 건물들이 있는데, 대표적으로 동래부 동헌 바로 옆에 있는 수안치안센터와 거칠산국의 흔적을 전시한 복천박물관이 있다. 복천박물관은 동래읍성의 북쪽 끝에 있다. 복천박물관 뒤로는 마안산 자락이 있는데, 이곳에 동래읍성 북쪽 성벽이 있다. 복천박물관에서 서쪽으로 조금만 걸어가면 동래읍성 북문이 나온다. 북문 근처에

마안산 자락에 있는 동래읍성 성벽, 왼쪽 아래에 보이는 건물이 동래읍성 북문

는 다사다난했던 동래읍성의 발자취를 확인할 수 있는 동래읍성역사관도 있다. 그런데 동래읍성을 관람하기에 가장 적합한 곳으로 알려진 동래읍성 북문은 여러모로 실망스럽다. 복원한 지 얼마 되지 않은 탓에 예스러움을 전혀 느낄 수 없고, 경복궁의 광화문과 견주면 말도 안 되게 작다. 하지만 조금 달리 생각해 보자. 문화재의 경우 복원은 시작이 반이다. 이곳에 아파트가 들어서지 않은 것만으로 천만다행이다. 또한 대한민국 부산시가 아닌 조선 동래부의 위상을 생각하면 이 정도 규모의 성문은 오히려 적합하게 여겨진다. 있는 그대로 복원하는 것이 거짓으로 과장하여 복원하는 것보다 훨씬 더 가

마안산 정상에 있는 동래읍성 북장대

치 있다. 이런 사실들을 고려한 후 동래읍성 북문을 바라보면 왠지 모르게 측은한 마음이 생긴다. 해방 후 70년이 넘어서까지 옛 모습을 되찾기 위해 힘쓰고 있다는 사실이 느껴지기 때문이다. 한편 동래읍성 북문은 전형적인 옹성 형태를 띤다. 옹성이란 성벽을 튀어나오게 쌓아 성문을 가린 것을 뜻한다. 성문을 가린 까닭은 성문이 성의 가장 취약점이기 때문이다. 옹성을 통해 동래읍성의 안팎을 구분할 수 있다.

동래읍성 북문의 좌우 십여 분 거리에는 각각 서장대와 북장대가 있다. 장대(將臺)란 전망대이자 유사시 지휘관이 올라서서 군사들을

동래읍성 북장대에서 바라본 동래 전경, 복천동 고분군의 뒤로 황령산과 금련산이 보인다.

지휘하는 건물이다. 장대는 적의 출몰을 감시하는 곳이므로 항상 높은 곳에 설치한다. 따라서 대부분 성의 장대에서는 멋진 전경을 감상할 수 있다. 동래읍성의 경우 서장대보단 북장대의 전경이 더 멋지다. 북문의 오른쪽 성벽을 따라 십여 분을 올라가면 마안산 정상에 다다른다. 이곳에 북장대가 있다. 북장대 앞에 서면 복천동 고분군을 중심으로 저 멀리 있는 광안대교와 마린시티부터 황령산까지 한눈에 보인다. 초가집이 대부분이었을 과거에는 지금은 초고층 빌딩

에 가려진 해운대와 광안리 바다가 훤히 보였을 것이다. 화창한 날이면 대마도까지 보이지 않았을까. 북장대의 전경은 밤낮에 상관없이 아름답다. 하지만 아직 널리 알려지지 않은 탓에 이곳 주민들의 아지트처럼 사용되는 실정이다. 물론 북장대 전경은 분명 황령산 전경에는 미치지 못한다. 하지만 숨어있는 명소를 찾는 여행자들에게 추천한다. 과거 조선의 군사들이 성벽을 순찰하던 심정으로 북장대를 오르내리면 좀 더 재미있는 관람을 즐길 수 있다.

부산면의 탄생

초량왜관을 개관한 이후 동래의 중심은 동래읍성에서 초량왜관으로 옮겨간다. 초량왜관은 조선과 일본의 유일한 무역지였을 뿐만 아니라 청과 일본의 중계 무역지이기도 했다. 요컨대 동래 상인들은 초량왜관을 방문한 일본인들에게 조선 인삼을 팔아 은(銀)을 얻고, 청에 건너가 은으로 비단을 사고, 조선에 돌아와 비단을 비싸게 팔았다. 청과 일본 사이에서 중간 이익을 취한 것이다. 이 모든 혜택은 동래가 무역 독점권을 가졌기 때문에 얻을 수 있었다. 앞에서도 언급했었지만 조선은 일본인들이 동래를 벗어날 수 없도록 엄격히 통제했다. 그리하여 동래는 얼떨결에 무역 독점권을 가졌다. 만약 조선이 다른 지역에도 왜관을 설치했었더라면 초량왜관은 크게 발전하지 못했을 것이다. 이후 초량왜관과 관련한 상인이나 역관 등은 엄청난 부를 축적한다. 또 초량왜관에 가면 큰 돈을 벌 수 있다는 소문이 곳곳에 퍼진다. 그리하여 사람들은 부산포나 초량왜관으로 몰려가 장사를 시작한다. 이렇게 초량왜관 일대는 엄청난 속도로 발전한다.

1740년 편찬한 〈동래부지〉에 따르면 동래부에는 읍내면, 동면, 서면, 남촌면, 북면, 동평면, 사천면까지 총 7개 행정구역이 있었다. 동평면과 사천면을 제외하고는 동래읍성이 있는 읍내면을 중심으로 동, 서, 남, 북으로 나눈 것이다. 그런데 1868년 편찬한 〈동래부 사례〉에서는 동래부의 행정구역이 9개로 늘어났음을 확인할 수 있다. 이는 초량왜관과 직간접적으로 연관 있던 동평면과 사천면이 급격하게 성장하여 쪼개진 결과다.

초량왜관이 있던 동평면은 동평면과 부산면으로 쪼개진다. 이것이 행정구역으로서 '부산'의 첫 등장이다. 이후 초량왜관이 있는 부산면과 동래읍성이 있는 읍내면은 동래의 두 축으로 자리잡는다. 내 상상이긴 하지만 당시 관리들은 동평면을 분리하기로 결정한 후 새로 생길 행정구역의 이름을 두고 고민했을 것 같다. 왜냐하면 이 일대는 초량왜관 덕분에 성장했고 그렇다면 '부산'이 아닌 '초량'을 행정구역 이름으로 삼아도 손색없기 때문이다. 만약 이때 부산면이 아닌 초량면이 탄생했었더라면 이 도시는 대한민국 초량시가 됐을 것이다.

사천면은 상단과 하단, 즉 사상면(沙上面)과 사하면(沙下面)으로 쪼개진다. 사천면의 사천(沙川)은 낙동강을 뜻한다. 낙동강을 '모래 강'이라 부른 까닭은 이 지역이 강의 하구이고, 강의 하구에는 퇴적 작용이 활발하게 이뤄지기 때문이다. 또한 앞에서 언급했던 낙동강 하구의 다대포, 장림포, 하단포, 구포, 덕포, 호포 등은 모두 사천면에 속한 포구였다는 사실을 짐작할 수 있을 것이다. 초량왜관에서 구입한 물건들은 사천면의 포구들에 집결한 후 수운 통해 내륙 곳곳으로 옮겨졌다. 그리하여 사천면은 초량왜관의 간접 혜택을 받았다. 현재 부산시의 행정구역인 사상구와 사하구는 사상면과 사하면의 후신(後身)이다.

한편 현재 부산의 최대 도심인 서면은 조선 동래부 서면에서 유래한다. 우리 국권을 침탈한 일본은 전국의 행정구역을 제멋대로 통폐합했다. 이때 서면은 공중분해 되어 사라졌다. 하지만 서면은 사라지지 않았다. 이유는 알 수 없지만 사람들에게서 잊히지 않은 것이다. 지금도 대한민국 부산시에는 '서면'이라는 행정구역이 존재하지 않는다. 서면은 관용적으로 사용하는 지명일 뿐이다.

일제강점기

동래를 집어삼킨 부산

19세기 세계 배경

18세기 유럽에서 산업혁명이 일어난다. 산업혁명은 인력(人力)을 대체할 힘을 발견한 것이다. 인구가 적었던 서양에는 최고의 발견이 아닐 수 없다. 이후 서양은 엄청난 기술 발전을 이룩한다. 같은 시기, 동아시아에서는 조선, 청, 일본 간의 삼각 구도, 즉 힘의 균형이 안정 단계로 접어든다. 그리고 곧바로 정체기가 찾아온다. 동아시아 삼국이 국경을 봉쇄했기 때문이다. 청은 자신들의 것이 외부에 유출되지 않도록 하기 위해, 일본은 에도 막부가 권력을 독점하기 위해 국경을 봉쇄했고, 조선은 원래부터 국경을 봉쇄한 나라였다. 사실 조선은 청에 복수를 꿈꿨었다. 하지만 당시 세계 최강이었던 청을 이길 재간이 없었다. 아무리 노력해도 외부 상황이 변하지 않자 조선은 엉뚱하게도 내부 상황을 정리하기 시작한다. 붕당 정치의 시작이다. 붕당 정치는 마치 기차의 조작 방식을 두고 다투는 것과 같다. 여기에 몰두한 조선의 헛똑똑이 선비들은 정작 기차가 몰락이라는 종착역을 향해 돌진하고 있다는 사실은 깨닫지 못했다.

조선의 상황을 좀 더 면밀히 살펴보자. 1800년 조선 22대 왕 정조가 죽고 그의 아들 순조가 즉위한다. 당시 순조는 11세에 불과했다. 그리하여 순조의 외척(어머니 쪽의 친척)이 국정을 대신 운영한다. 왕 대신 왕의 친척이나 신하가 국정을 제멋대로 운영하는 것을 세도 정치(勢道政治)라고 한다. 순조의 외척은 행운으로 얻은 권력을 이용하여 부와 권력을 독점한다. 이때부터 조선은 급격하게 붕괴한다. 매관매직이 성행하고 백성들의 삶은 피폐해져 간다. 전 세계의 질서가 재편되는 중요한 시점에서 조선은 전진해도 모자랄 판에 답보는커녕 후퇴하고 있었던 것이다. 세도 정치는 순조, 헌종, 철종까지 60여년 간 지속한다. 이후 철종은 후사 없이 사망하고, 그의 먼 친척이었던 고종이 조선 26대 왕으로 즉위한다. 당시 고종은 12세였다. 그리하여 고종의 아버지인 흥선대원군이 실권을 잡는다. 흥선대원군은 곧장 개혁에 착수한다. 경복궁을 재건하고, 부패한 서원을 없애고, 양반들에게 세금을 걷어 부국강병을 꿈꾼다. 선대 왕들은 손도 대지 못했던 대대적인 개혁이었다. 하지만 그의 개혁은 시대와 맞지 않았다. 여전히 국경을 봉쇄했기 때문이다. 물론 당시 백성들도 외세와 손잡기를 거부했으니 국경 봉쇄를 온전히 흥선대원군 탓으로만 돌릴 순 없다. 그리고 10년이 흘러 1873년, 22살의 고종은 흥선대원군을 몰아내고 마침내 실권을 잡는다.

조선이 헛발질을 하는 동안 일본은 문호를 개방했다. 1853년 미국 함선이 일본 앞바다에서 무력시위를 한다. 에도 막부는 미국 함선을 이길 수 없다는 사실을 깨닫고는 곧바로 머리를 숙인다. 대신 미국을 이용하여 자신들의 권력을 공고히 하려 한다. 그런데 이후 쿠데타가 발생한다. 그리하여 에도 막부는 무너지고 새로운 정권이 들어선다. 이때부터 시작한 일본의 개혁 시기를 명치유신 또는 메이지유신이라고 한다. 메이지 정권은 서양의 제도를 들여와 유신(維新), 즉 낡은 제도를 개혁하는 한편 서양의 열강을 따라잡기 위해 엄청난 돈을 쏟아붓는다. 특히 국방력 증강에 천문학적인 돈을 쏟아 붓는다. 이리하여 일본은 제국주의의 길을 걷는다.

멸망하는 조선

일본은 동아시아 삼국 중에서 가장 막강한 군사력을 보유한 나라로 성장한다. 그리하여 300년 전 이루지 못했던 조선 정벌을, 엄밀히 말해서는 대륙 진출을 다시 한번 꿈꾼다. 1874년 일본은 류큐국(현 일본 오키나와)과 대만 섬 사이에 생긴 갈등을 빌미 삼아 대만 섬을 공격한다. 당시 청은 엉망진창이었다. 청은 이미 두 차례의 아편 전쟁에서 패하여 홍콩을 영국에, 연해주를 러시아에 빼앗겼고, 이후 프랑스, 미국 등과도 불평등 조약을 체결했다. 청은 뒤늦게 개혁을 시도했다. 하지만 사회 전반에 깊숙히 뿌리 내린 부패를 도려내지 못했다. 이런 판국에 그간 오랑캐로 취급하던 일본까지 대만 섬을 공격한 것이다. 이 소식을 접한 조선은 당황한다. 300년 전의 악몽이 떠올랐기 때문이다. 하지만 때는 이미 늦었다. 일본은 1875년 부산포에 군함을 출격시켜 무력 시위를 한다. 이에 동래 관리들은 초량왜관을 찾아가 항의한다. 그런데 일본은 도리어 동래 관리들을 군함에 승선시킨 후 무력 시위를 관람토록 한다. 그만큼 자신감이 하늘을 찔렀다는 방증이다. 얼마 후 일본은 강화도에 군함을 보내어 조선군을 도발한다. 조선군은 운요호를 공격하지만 구식 화승총과 화포는 운요호에 닿지도 못한다. 일본은 이를 빌미로 조선군을 공격하여 압도적인 승리를 거둔다. 조선은 전쟁만큼은 피하고 싶었다. 그리하여 어쩔 수 없이 일본과 조약을 체결한다. 이 조약이 바로 조일수호조규, 일명 강화도조약이다. 1876년 체결한 강화도조약은 당연히 불평등조약이었다. 이 조약으로 조선은 동래, 인천, 원산을 강제 개항한다. 또한 초량왜관을 일본의 전관 거류지(居留地)로 전환하는 것을 허용한다. 거류지(또는 조계지)란 외국의 행정권과 경찰권이 행사되는 치외법권 지역으로, 이곳에서는 외국인이 범죄를 저질러도 자국의 법으로 처리할 수 없다. 이 때문에 거류지는 보통 식민 지배의 첫 단추로 활용된다. 이후 일본은 초량왜관의 담장을 허물며 거류지의 물리적 범위를 확장한다. 이권을 확장하기 위해서였다.

조선은 미국, 영국, 독일, 러시아, 프랑스와도 불평등조약을 맺고 수교한다. 궁지에 몰린 조선에게는 최선의 선택이었다. 이런 시국에 민비의 친척들, 즉 민씨 척족 세력은 나라의 곳간을 제 주머니인 것마냥 흥청망청 쓰고 백성들의 고혈을 쥐어 뜯는다. 참다 못한 군인들은 1882년 임오군란을 일으킨다. 여기에 수많은 군중이 합세한다. 이들은 민씨 척족 세력의 수장들을 처단하고 물러났던 흥선대원군을 내세운다. 민비는 가까스로 목숨을 건진다. 그런데 민비가 고종에게 연락하여 청군을 끌어들인다. 청군은 흥선대원군을 청으로 납치하고 임오군란의 가담자들을 사살한다. 이때부터 청군은 현재의 서울 용산에 주둔하며 조선의 내정을 간섭한다. 한편 일본은 임오군란으로 생긴 피해를 빌미 삼아 한양에 경비병을 파견한다. 청과 일본이 모두 조선에 개입하자 조선의 개화파는 청의 개혁 사례를 따르자는 온건 개화파와 일본의 개혁 사례를 따르자는 급진 개화파로 나뉜다. 청의 도움을 바라던 민비는 온건 개화파를 지지한다. 이리하여 입지가 좁아진 급진 개화파는 1884년 일본군과 손잡고 쿠데타를 일으킨다. 일명 갑신정변이다. 이에 청이 일본에 선전포고 한다. 그러자 일본군은 도망하고 갑신정변은 사흘만에 실패한다. 갑신정변의 주동자 중 일부는 일본에 피신하고 일부는 청군에 살해당한다. 이후 청과 일본은 양국 군대를 조선에서 철수하고 또 만일 조선에 군대를 파견할 때는 상대국에 통보하기로 하는 텐진조약을 체결한다.

임오군란이 끝나자 민씨 척족 세력의 세상이 펼쳐진다. 민씨 척족 세력은 뇌물을 받고 관직을 팔았고, 관직을 산 탐관오리들은 뇌물로 바친 돈의 몇 곱절을 백성들로부터 갈취한다. 그러던 1894년 전북 고부군(현 전북 정읍시 고부면 일대)의 동학(東學)교인들과 군민들이 봉기를 일으킨다. 고분 군수 조병갑의 횡포를 참아오다 일시에 분노가 폭발한 것이다. 동학농민군은 민씨 척족 세력을 처단하고 외세를 몰아내자며 외친다. 그러자 어마어마한 군중이 동학농민군에 합세한다. 이들은 조선군을 잇따라 격파하며 전주성까지 함락한다. 당황한 고종과 민비는 주변의 반대를 무릅쓰고 또다시 청군을 끌어들인다. 청군은 텐진조약에 따라 일본에 이 사실을 통보한다. 그리하여 청군과 일본군이 모두 조선에 진입한다. 본의 아니게 외세를 끌어들인 동학농민군은 조선군과 합의하여 해산한다. 이에 청군도 철수하려 한다. 그런데 일본군이 갑자기 경복궁을 점거한다. 그러자 동학농민군은 다시 한번 일어나 한양을 향해 진격한다. 하지만 이들은 우금치(현 충남 공주시 금학동)에서 조선·일본 연합군에 궤멸한다. 그리고 곧 청일전쟁이 발발한다. 일본군은 서해를 넘어오는 청 군함을 격파한 후 아산, 평양을 지나 요동까지 진격한다. 또한 산둥 반도를 공격하여 청 해군을 박살 낸다. 결국 청은 일본에 항복하여 시모네세키조약을 체결한다. 이리하여 일본은 대만 섬과 요동 반도를 손에 얻는다.

이때 러시아가 나타나 일본에 딴지를 건다. 러시아는 한겨울에도 바다가 얼지 않는 항구, 즉 부동항을 얻기 위해 전 세계를 헤매고 있었다. 그러다 아편 전쟁을 치른 청과 영국의 관계를 중재했고 그 결과 청으로부터 연해주를 얻었다. 하지만 연해주 블라디보스토크의 앞바다도 겨울에는 얼어붙었다. 그리하여 이번에는 요동 반도의 끝에 위치한 여순항을 탐내고 있었는데, 별안간 일본이 청에 승리하면서 요동 반도를 얻은 것이다. 러시아는 일본의 지나친 팽창을 우려하던 프랑스와 독일을 끌어들여 일본을 압박한다. 일명 삼국간섭이다. 이에 일본은 눈물을 머금고 요동 반도를 포기한다. 이 상황을 목격한 민비는 청 대신 러시아를 끌어들인다. 그리하여 조선 조정에 친러내각이 들어선다. 화가 난 일본은 1895년 경복궁에 침입하여 민비를 살해한다. 두려움에 떨던 고종은 러시아 공사관으로 피신한다. 하지만 러시아는 요동 반도의 부동항을 얻는 데에 만족하고 있었다. 러시아의 도움을 얻을 수 없다는 사실을 깨달은 고종은 1897년 덕수

궁으로 돌아와 대한제국을 선포한다. 그러는 사이 러시아와 일본은 협상을 벌인다. 협상의 요지는 누가 만주의 주도권을 차지하냐는 것이었다. 러시아는 가까스로 얻은 부동항을 포기할 수 없었고, 일본은 대륙 진출의 발판을 포기할 수 없었다. 그리하여 협상은 조금도 진전되지 못한다. 한편 러시아의 팽창을 우려하던 영국은 1902년 일본과 동맹을 맺는다. 다급해진 러시아는 다시 한번 프랑스와 독일에 손내민다. 하지만 프랑스와 독일은 세계 최강인 영국과 굳이 척을 지고 싶지 않았다. 이렇게 러시아는 궁지로 내몰린다. 그리고 1904년 일본은 인천과 여순 앞바다에 있는 러시아 함선들을 기습 공격한다. 러시아는 일본이 분명 공격해 올 것이지만 선전포고도 없이 공격할 거라고는 예상하지 못했다. 이렇게 일격을 당한 러시아는 일본군에 잇따라 패하여 급기야 요동 반도와 여순항까지 잃는다. 상황이 급박해지자 러시아는 어쩔 수 없이 유럽에 있는 발트함대를 동아시아로 보낸다. 그런데 당시 영국은 전 세계에 식민지를 두고 있었다. 영국은 발트함대가 보급을 받지 못하도록 방해했고, 그 결과 발트함대는 무려 7개월이나 아무런 보급도 받지 못한 채 지구 반 바퀴를 돌아 간신히 한반도 남해에 도착한다. 그리고 곧바로 치뤄진 일본과의 전투에서 궤멸한다. 하지만 러시아는 패배를 승복하지 않는다. 이렇게 전쟁이 장기전 양상으로 바뀌자 일본은 미국에 중재를 요청한다. 그리고 1905년 미국은 일본과 가쓰라 태프트 밀약을 맺는다. 즉 미국은 일본의 대한제국 지배를, 일본은 미국의 필리핀 지배를 용인한다. 얼마 후 미국의 중재 아래 일본과 러시아는 포츠머스조약을 맺는다. 이로써 대한제국의 운명은 사실상 끝난다. 일본은 곧장 대한제국의 외교권을 박탈하는 을사늑약을 강제 체결한다. 1907년 대한제국에서는 일본이 강제로 지게 한 빚을 갚자는 국채보상운동이 일어나고, 고종은 네덜란드 헤이그에 특사를 파견하여 전 세계에 을사늑약의 부당함을 알린다. 하지만 국채보상운동은 일본의 방해로 실패하고, 세계 열강들은 대한제국의 외침을 무시한다. 그리고 고종은 강제 퇴위 당한다. 1909년 일본은 남만주 철도 부설권을 얻는 대가로 청에 대한제국의 땅인 간도를 넘겨준다. 이렇듯 자국의 영토도 지킬 힘이 없었던 대한제국은 1910년 8월 29일 끝내 멸망한다.

동래를 역전하는 부산

동래의 상황을 살펴보자. 일본은 1876년 강화도조약을 체결하여 동래를 강제 개항한다. 그런데 1882년 임오군란이 일어나면서 청군이 조선에 들어온다. 청은 초량에 청국영사관을 설치하여 일본이 독점하던 이권을 나눠가지려 한다. 하지만 일본은 1894년 청일전쟁에 승리하여 곧장 청국영사관을 폐쇄한다. 청이 사라지자 러시아가 나타난다. 러시아는 1884년 조선과 수교한 이후 계속해서 동래를 눈독 들였는데, 1897년에는 절영도를 조차지로 삼으려다 실패했었다. 일본은 러시아와의 전쟁이 불가피하다는 사실을 알았다. 그리하여 대한제국으로부터 경부철도와 북빈 매축 공사 기공권을 획득한다. 경부철도는 경성 영등포와 부산 초량을 잇는 철도였고 북빈 매축 공사는 초량에 부산포를 대체할 새로운 대형 항구를 설치하는 공사였다. 일본이 대형 항구를 설치해야 했던 까닭은 부산포의 결함과 관련 있는데, 자연 포구였던 부산포는 수심이 얕아서 대형 선박이 진입하기 어려웠다. 그렇다면 일본이 경부철도와 북빈 매축 기공권을 획득한 목적을 유추할 수 있다. 일본은 본국에서 대규모 병력과 군수 물자를 선박에 실어 초량으로 보낸 다음 경부철도와 경인철도를 이용해 인천으로 보내려 했던 것이다. 참고로 경부철도는 우리나라에서 두 번째로 개통한 철도이고 첫 번째는 경성과 인천을 잇는 경인철도다. 그렇다면 일본군이 왜 해로가 아닌 육로를 통해 인천으로 가려 했는지가 궁금할 것이다. 당시 서해에는 일본 해군 뿐만 아니라 러시아 해군도 있었다. 일본은 러시아군을 기습 공격할 계획이었는데, 철도로 병력을 이동하면 러시아가 일본군의 움직임을 포착하기 어려울 것이라고 판단했다. 이리하여 일본은 1905년 경부철도를, 1909년 북빈 매축 공사를 완공한다. 북빈 매축 공사로 인하여 부산에는 대형 항구와 거대항 땅이 생긴다. 이 항구가 바로 부산항이다. 당시의 부산항은 현재의 도시철도 1호선 중앙역, 부산역, 초량역 일대에 해당한다. 또한 이때 생긴 땅은 현재의 부산 중구 중앙동에 해당한다. 이 땅은 본래 새로 생긴 땅이라 하여 새마당이라고 불렸다. 이후 경부철도를 연장하여 새마당에 종착역을 세운다. 이 역이 바로 부산역이다. 해방 이후 새마당은 부산의 중심이라 하여 중앙동으로 명명된다. 중앙동에 있던 부산역은 한국전쟁 무렵에 소실되어 사라졌다. 현재 부산 동구 초량동에 있는 경부선 부산역은 중앙동에 있던 부산역을 이설한 것이다.

대한제국을 멸망시킨 일본은 이제 한반도를 영원히 소유하겠다는 허황된 꿈을 꾼다. 그런데 지배와 소유는 다르다. 점령한 땅을 온전히 자신의 것으로 소유하기 위해서는 원주민을 모두 쫓아내거나 그럴 수 없다면 원주민을 자국민으로 동화시켜야 한다. 그리하여 일본은 조선과 일본이 본래부터 하나의 몸이었다는 내선일체(內鮮一體) 사상을 전파한다. 물론 우리 선조들에게는 씨알도 먹히지 않았다. 하지만 일본은 영리했다. 일본은 우리 역사를 조작하고, 우리 지명을 일본식으로 고치고, 선조들의 이름을 일본식으로 바꾸고, 학교에서 일본말만 사용하도록 강제하고, 개인의 신념을 억압하여 신사참배를 강요하는 강경책도 사용하지만, 사람들이 스스로 일본을 우러러보게끔 하는 유화책도 동시에 사용한다. 일본이 펼친 유화책의 대표적인 예는 식민 도시 건설이었다. 화려한 도시를 만들어 사람들의 마음을 훔치려는 것이었다. 이리하여 일본은 이전부터 꾸준히 공들여 발전시켜온 부산을 식민 도시로 선정한다.

1910년 일본은 동래부 부산면을 부산부로 승격한다. 그리고 1914년에는 동래부의 나머지 지역과 기장군을 합쳐 경상남도 동래군으로 삼는다. 동래를 부에서 군으로 강등시킨 것은 우리 민족의 정통성을 훼손하기 위함이었는데, 일본은 이미 조선의 수도 한성부를 경성부로 개명한 후 경기도의 일개 행정구역으로 전락시킨 바 있었다. 그렇다면 동래와 부산의 관계를 이해할 수 있을 것이다. 동래가 우리 민족의 상징이었다면 부산은 일본의 상징이었다. 일본은 동래와 부산의 격차를 늘리려 했다. 조선과 동래는 열등한 반면 일본과 부산은 우수하다는 사실을 만천하에 드러내려 했다. 이리하여 부산은 더욱더 성장한다.

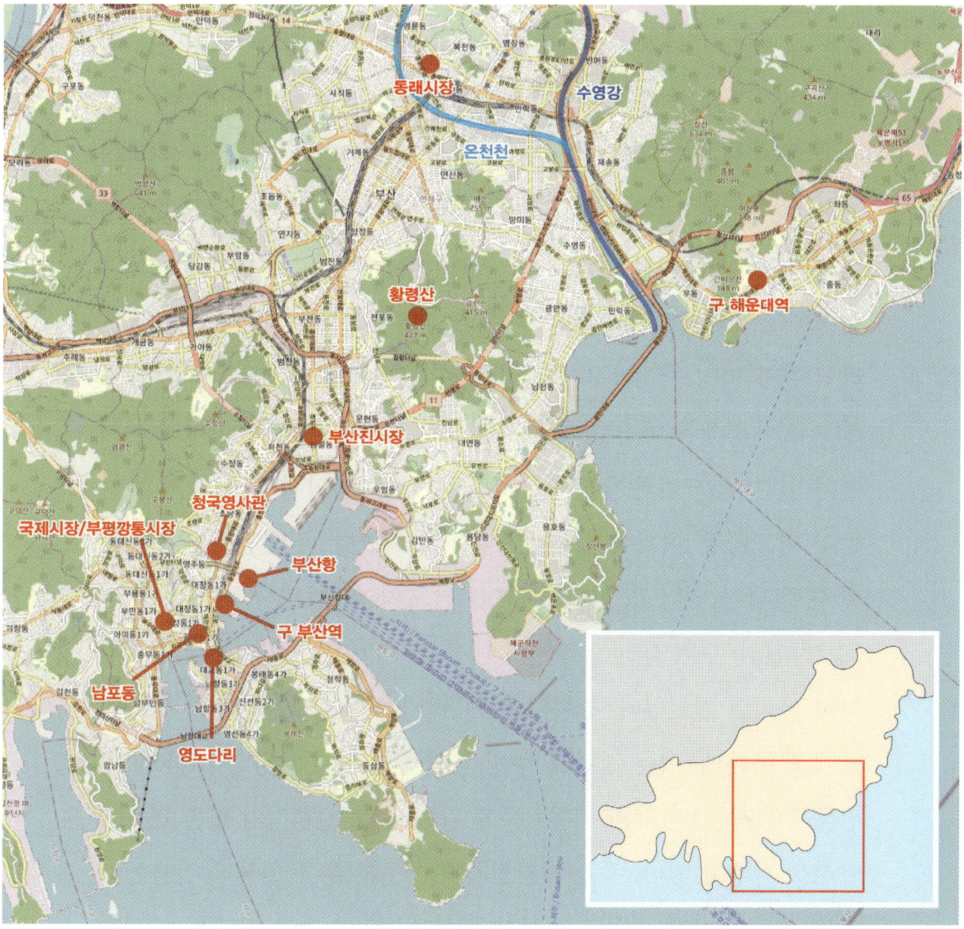

일제강점기 동래와 부산의 주요 지역

식민도시로 발전한 부산부의 모습을 살펴보자. 일본은 초량왜관을 전관 거류지로 전환한 후 계속해서 거류지의 물리적 범위를 확장한다. 그리고 거류지 확장이 한계에 다다르자 다시 한번 바다를 매축한다. 이때 매축한 곳은 용두산공원의 아래에 있던 바닷가로, 이 바닷가는 본래 옥돌 자갈이 많아 자갈치라고 부르던 곳이었다. '치'란 언저리 또는 언덕배기를 뜻하는 지역 사투리다. 현재 부산을 대표하는 수산물 시장인 자갈치시장은 여기에서 유래한다. 1928년부터 10년 간 매축 공사를 실시한 결과 이 바닷가는 남빈이라는 새로운 땅으로 재탄생한다. 해방 후 우리 정부는 일본식 한자 지명을 우리식 한자 지명으로 바꾸는 작업을 진행하는데, 남빈(南濱)은 남항(南港)으로 개명해야 마땅했다. 하지만 부산 영도에 이미 남항이라는 지명이 있었다. 그리하여 남빈은 남포(南浦)로 개명된다. 현재의 부산 중구 남포동은 여기에서 유래한다. 남포동에는 일제강점기의 흔적이 여럿 남아 있다. 도시철도 1호선 남포역의 7번 출구를 나오면 편도 1차선의 좁은 길인 광복로가 나온다. 광복로는 일제강점기에 전차가 다니던 길이었다. 광복로를 거닐다 보면 뭔가 이질적인 느낌을 받기도 하는데, 이는 광복로 주변 건물들의 필지 모양 탓이다. 이곳 건물들의 필지는 대체로 폭이 좁고 길이가 긴, 전형적인 일본 건물의 양식을 갖추고 있다. 즉 일제강점기에 이곳은 온통 일본식 건물들로 가득 찼던 것이다. 이곳을 방문했던 선조들의 심정은 어땠을까. 선진 교통수단과 '선진국'의 건물을 보며 달콤한 환상에 빠지지 않았을까. 실제로 많은 사람이 광복로를 방문한 후 일본에 동경을 품었다고 한다.

편도 1차선의 좁은 도로인 광복로, 지금은 일제강점기의 흔적이 거의 남아있지 않다.

전차를 언급한 김에 철도도 살펴보자. 철도는 제국주의의 상징이다. 철도는 군대를 빠르게 이동시킬 수 있는 수단이며 식민지의 구석구석까지 파고 들어가 온갖 물품들을 수탈할 수 있는 수단이다. 따라서 모든 식민지에는 철도가 설치된다. 하지만 철도만으로는 식민 제국까지 수탈품을 옮길 수 없다. 따라서 모든 철도는 대형 항구로 이어진다. 일본 열도와 가장 가까운 부산항은 경부선과 동해선의 종착지였다. 동해선은 말 그대로 한반도 동해안을 따라 만주까지 연결된 기찻길이다. 그런데 일본은 동해선을 모두 연결하지 못했다. 1937년 중일전쟁이 발발하면서 철도를 설치할 여력이 없어졌기 때문이다. 일본은 동해남부선(부산·포항)과 동해북부선(양양·안변) 정도만 간신히 설치했다. 현재 남북한은 동해선을 모두 연결하는 협력사업을 추진 중이다. 동해선을 모두 연결하면 부산에서 출발한 기차는 남한의 포항, 삼척, 강릉, 북한의 원산, 함흥, 나진을 지나 시베리아 횡단 철도를 거쳐 유럽까지 갈 수 있다. 또한 동해선의 기찻길은 광역철도로도 활용할 수 있다. 기차와 전철을 함께 운용하기 위해서는 복선(複線), 즉 두 개 이상의 선로를 설치해야 한다. 동해선의 복선 전철 사업은 오래전부터 꾸준히 진행 중이었다. 현재 부산시에는 이미 광역철도 동해선을 운행하고 있으며 2021년에는 부산의 광역철도가 울산까지 연결될 예정이다. 또 부산과 창원을 잇는 광역철도도 조만간 사업을 시작할 예정이다. 한편 일본이 남겨놓은 철도 덕분에 우리 경제가 고속성장한 것이라고 주장하는 사람들이 간혹 있다. 하지만 이는 지나친 과장에 불과하다. 일본은 수탈을 목적으로 철도를 설치했다. 철도를 통해 우리 경제가 성장한 것은 철도를 통해 우리가 빼긴 것에 비할 바가 못 된다. 또한 일본이 설치한 철도는 한국전쟁을 거치며 상당 부분 파괴됐다. 만약 일본이 설치한 철도가 온전히 남아있었더라면 우리는 훨씬 더 빠른 성장을 이룩했을 것이다.

다시 일제강점기로 돌아오자. 동해남부선 설치로 가장 큰 혜택을 받은 곳은 해운대다. 이미 언급했지만 과거의 해운대는 그냥 시골 바닷가였다. 하지만 이 촌 동네에도 유명한 것이 하나 있었으니 바로 온천이다. 본래 해운대 해수욕장 일대는 갈대가 무성한 벌판이었다. 이 갈대 벌판의 한복판에 구남(龜南)온천이 있었다. 구남온천은 신라 진성여왕이 어릴 적 천연두를 치료한 곳으로 널리 알려졌다. 최치원이 이곳을 방문한 까닭도 어쩌면 구남온천 때문이었을지도 모

해운대 해수욕장의 중심 길인 구남로. 구남로의 끝에 푸른색 지붕의 구 해운대역사가 보인다.

한쪽 다리를 들어 올린 영도대교, 매일 오후 2시에 다리를 들어 올린다.

른다. 그런데 구남온천은 어느날 사라졌다. 사라진 시기조차 알 수 없다. 구남온천이 사라진 까닭은 온천객들의 진상에 진저리난 주민들이 온천의 천원을 몰래 막았기 때문으로 전해진다. 세월이 흘러 조선과 일본은 강화도조약을 체결했고 수많은 일본인 사업가가 동래에 들어왔다. 이들은 우리 땅에서 돈이 될만한 것들을 찾아 눈에 불을 켜고 돌아다녔다. 이때 한 사업가가 과거 대마도인들이 구남온천을 즐겨 찾았다는 기록을 발견한다. 그리고는 해운대의 모든 땅을 샅샅이 탐색하여 기어이 온천의 천원을 찾아낸다. 이후 해운대에는 온천시설이 생기고 1934년에는 동해남부선의 최초 구간인 부산진·해운대 구간도 개통한다. 해운대는 이때부터 관광지로 성장한다. 많이 알려지지 않았지만 현재 해운대는 전국에서 유일하게 바다 가까이에 온천 시설이 있는 임해온천장이다. 해운대 곳곳에는 여전히 온천 시설이 많다. 또한 도시철도 2호선 해운대역과 해운대 해수욕장을 잇는 커다란 길이 바로 구남로다. 구남로의 끝에는 2013년 폐역된 동해남부선의 구(舊)해운대역이 그대로 남아 있다.

일본은 절영도를 발전시키고 싶었다. 부산부의 중심에서 아주 가까운 섬이었기 때문이다. 게다가 북빈과 남빈을 매축한 후 절영도와 내륙의 간격은 300m 남짓으로 좁혀진다. 그리하여 일명 영도다리를 건설한다. 영도다리는 우리나라 최초로 내륙과 섬을 잇는 연륙교였으며 선박이 지나갈 때 한쪽 다리가 올라가는 일엽식 도개교(一葉式跳開橋)였다. 당시 사람들은 영도다리를 믿지 못했다. 그래서 직접 눈으로 확인하러 갔다. 영도다리가 처음 다리를 올린 날 이 일대에는 수만 명의 군중이 집결했다고 한다. 최신식 기술로 만든 영도다리는 곧장 부산을 상징하는 건축물로 떠오른다. 해방 후 한국전쟁이 발발하자 전국에서 피난민이 생긴다. 피난민들은 상황이 너무 급박한 나머지 가족과 뿔뿔이 흩어져 피난하는데, 이들은 하나같이 부산 영도다리에서 만날 것을 약속하며 뿔뿔이 흩어졌다. 그리하여 영도다리는 전국 팔도에서 몰려든 피난민이 가족을 찾아 헤메는 공간이 되고, 눈물의 영도다리라는 별칭을 얻는다.

대한제국을 멸망시킨 일본은 자국민에게 한반도로 이주할 것을 적극 권장한다. 한반도에 이주한 일본인들은 자연스레 초량왜관 일대에 모여 산다. 초량왜관 일대에는 일본인을 대상으로 하는 상인들이 생긴다. 이후 이곳이 장사가 잘된다는 소문이 퍼지자 동래의 상인들은 너 나 할 것 없이 일본인 거주지로 모여든다. 그리하여 이곳에는 1909년 한일시장이 생긴다. 한일시장은 1914년 부평정시장으로 개명한다. 부평은 이곳의 지명이고 정(町)은 일본의 행정구역 단위다. 부평정시장은 부평깡통시장의 전신(前身)이다.

동래부의 5개 시장 중 하나였던 부산장을 기억할 것이다. 부산장은 1913년 매일 열리는 상설시장으로 변모한다. 그 이름도 부산진시장으로 바꾼다. 이후 부산진시장 근처에는 국내 최대 방적 회사인 조선방직이 들어선다. 이때부터 부산진시장은 면 제품을 취급하기 시작한다. 현재 부산진시장은 서울 동대문시장, 대구 서문시장과 함께 전국 3대 혼수 및 원단 특화 전문 시장으로 알려져 있다. 한편 조선방직은 1969년 도산하여 사라진다. 하지만 이 일대는 여전히 '조선방직 앞'을 뜻하는 '조방 앞'으로 불린다. 또한 과거 이 일대에는 이곳 노동자들을 대상으로 하는 낙지 볶음 음식점이 있었는데, 이 음

홍등이 내걸린 초량 차이나타운의 골목

식점이 '조방낙지'의 시초다.

앞서 임오군란 이후 청이 초량에 청국영사관을 설치했다는 사실을 언급했다. 강화도조약 이후 동래에 몰려든 청인들은 부산포와 가까웠던 초량 일대에 모여산다. 그리하여 이곳엔 청관(淸館)마을이 생긴다. 임오군란 이후 청은 바로 이곳 청관마을에 청국영사관을 설치한다. 그리고 이 일대는 청의 전관조계지(전관거류지)로 지정된다. 이 청관마을이 현재 경부선 부산역 앞에 있는 초량 차이나타운이다. 차이나타운의 중심에 있는 부산화교중고등학교는 본래 청국영사관이 있던 자리였다. 한편 초량 차이나타운은 종종 다른 이름으로 불리곤 했다. 한국전쟁 때는 미군이 자주 찾아와 '텍사스거리'라고 불렸고 우리나라와 러시아가 수교한 이후에는 러시아인들이 자주 찾아와 '러시아거리'라고 불렸다. 현재 초량 차이나타운에는 상해거리가 있다. 중국 상해시와 자매결연을 맺은 부산시가 이를 기념하여 상해거리를 만든 것이다.

부산과 동래의 독립운동

1919년 1월 갑작스레 고종이 사망한다. 그의 죽음에는 여러 의혹이 난무했다. 사람들은 독살을 의심했다. 고종의 장례식은 3월 3일 거행할 예정이었다. 한편 해외에서 활약하던 독립운동가들은 현실을 보다 객관적으로 파악하고 있었다. 독립을 이뤄내기 위해서는 독립의 도화선이 될 만한 큰 사건이 필요하다고 판단했다. 이들의 시선에 고종의 장례식이 포착된다. 이들은 3월 3일 거국적인 만세 운동을 계획한다. 그런데 이 계획이 외부에 유출됐다는 첩보를 입수한다. 그리하여 3월 3일보다 이틀 앞선 3월 1일에 거사를 치루기로 합의한다.

3월 1일 민족 대표 33인 중 29인은 현재의 서울 종로구 인사동에 있던 고급 요리점인 태화관에 모인다. 이들은 독립선언서를 낭독하고는 뜬금없이 경찰에 자수한다. 만세 운동이 과격한 폭동으로 변질하지 않길 바라서 한 결정이었다. 물론 이를 쉽게 납득할 순 없다. 같은 시각, 서울 종로의 탑골공원에서는 학생들이 민족 대표들을 기다리고 있었다. 하지만 민족 대표들이 나타나지 않자 이들은 자체적으로 독립선언서를 낭독한 후 만세 운동을 전개한다. 학생들은 독립선언서를 들고 전국 팔도로 흩어진다. 한편 민족 대표 33인 중 최린, 박희도, 정춘수는 변절하여 민족 배신자가 됐다.

동래와 부산에도 독립선언서가 전달된다. 가장 먼저 움직인 곳은 부산진일신여학교(현 동래여자고등학교)다. 3월 11일 저녁 9시 일신여학교의 교사와 학생들은 현재의 부산 동구 좌천동 일대로 뛰쳐나와 만세 운동을 전개한다. 그러자 곧 수백 명의 군중이 만세 운동에 합세한다. 시위는 2시간가량 지속되지만 주동자들이 체포되면서 일단락된다. 그런데 이로부터 촉발한 시위는 걷잡을 수 없이 번진다. 동래고등보통학교(현 동래고등학교) 학생들은 동래 읍내장의 장날인 3월 13일 오후 2시에 만세 운동을 전개한다. 장을 보러 나온 수많은 사람이 만세 운동에 동참한다. 도심에서의 첫 만세 시위였다. 이 날에는 일본에 부역하던 조선인 순경들도 만세 운동에 동참했다고 한다. 이후 범어사의 학생들도 만세 운동을 계획한다. 이들은 동래 읍내장의

태극기가 내걸린 부산진일신여학교, 내부를 관람할 수 있다.

다음 장날인 18일을 노린다. 그런데 거사 직전에 주동자들이 체포된다. 밀정이 있었던 것이다. 이렇게 거사는 흐트러지는 듯했지만 체포되지 않은 학생들이 18일 늦은 밤 읍내 장터로 나와 만세 운동을 전개한다. 이들은 이튿날인 19일에도 만세 운동을 전개하다 체포된다. 3월 29일 이번에는 낙동강 변에 있는 구포 장터에서 만세 운동이 일어난다. 구포의 만세 운동은 학생과 군중이 연합한 대규모 시위였다. 이날 시위는 유혈사태로까지 번진다. 4월 8일에는 기장의 좌천장에서 만세 운동이 일어난다. 좌천장 만세 운동은 이곳 마을 사람들이 주도한 시위였다. 좌천장 만세 운동의 주동자들은 모두 경찰에 체포되지만 군중들에 의해 곧바로 구출된다. 동래와 부산에서 시작한 만세 운동은 곧 경상남도 전역으로 번진다.

일본의 심장이었던 부산부에서 용감하게 활약했던 독립운동가들도 있다. 백산 안희제는 본래 평범한 지식인이었다. 그는 여러 독립운동가와 대화한 후 독립운동에서 자금이 중요하다는 사실을 깨닫는다. 그리하여 1914년 백산상회를 설립한다. 백산상회의 위치는 놀랍게도 부산경찰서에서 200m 떨어진 곳이었다. 백산상회는 전국 팔도는 물론이고 만주에까지 여러 지점과 연락사무소를 둔다. 여러 독립운동 단체들은 백산상회를 통해 자금을 조달받고 상호 연락을 취한다. 하지만 1927년 백산상회는 경찰의 탄압을 버티지 못하고 끝내 문을 닫는다. 백산상회가 있었던 현재의 부산 중구 동광동에는 안희제의 업적을 전시하는 백산기념관이 설치되어 있다. 또 다른 인물로는 박재혁이 있다. 박재혁은 해외를 떠돌던 무역상이었다. 어느 날 독립운동 단체인 의열단이 박재혁에게 접근한다. 박재혁은 중국 상

삼각 모양의 입구가 인상적인 백산기념관

하이로 건너가 김원봉을 만나고, 허심탄회한 대화를 나눈 끝에 의열단에 가입한다. 그리고는 곧장 부산으로 출발한다. 부산경찰서장 하시모토를 제거하기 위해서였다. 일전에 의열단은 국내에서 거사를 계획했었는데, 부산경찰서에 발각되어 거사가 틀어졌었다. 의열단은 이를 보복하기 위해 부산경찰서장 하시모토를 제거하려 했다. 박재혁은 평소 하시모토가 오래된 책을 수집하고 다녔다는 사실을 파악한다. 그리하여 고서(古書)를 소개한다는 거짓말로 하시모토와 단독 대면한다. 그리고 자신이 의열단원임을 밝히고는 폭탄을 터뜨린다. 두 사람은 모두 중상을 입고 하시모토는 얼마 후 사망한다. 박재혁은 재판에서 사형선고를 받는다. 하지만 그는 일본인의 손에 죽을 수 없다며 물 한 모금 마시지 않다가 결국 사형 집행 전에 사망한다. 옛 부산경찰서 터인 현재의 부산 중구 동광로2가에는 박재혁의 독립운동을 기리는 안내판이 설치되어 있다.

부산광역시 홈페이지에서는 부산 출신의 독립운동가를 확인할 수 있다. 그런데 특이하게도 이들 중 대부분이 현재의 부산 동구와 관련 있다. 우선 앞서 언급한 박재혁은 동구 출신이다. 또한 의열단 소속으로 조선혁명간부학교의 군사교관, 의열단장 김원봉의 비서, 인도 파견 공작원 등으로 활동했던 김병태와, 북간도국민회의 대표로 독립선언서에 서명하고 국민회의 대표로 자유시 참변의 성토문을 발표했던 이봉구는 부산 동구 출신이다. 또한 의열단 소속으로 근우회의 중앙상무위원, 조선혁명간부학교의 여자부 교관, 민족혁명당의 부녀부 주임, 조선의용대 부녀복무단의 단장 등을 역임했고 또 김원봉의 아내로도 알려진 박차정은 부산 동구의 부산진일신여학교 출신이다. 또 의열단 소속으로 임시정부의 국무위원 학무부장 등을 역임했고 해방 후 부산진의 국회의원으로 선출되어 임시 국회 의장을 역임했던 장건상은 2살에 부산 동구로 이사와 이곳에서 자랐다. 이밖에도 부산광역시 홈페이지에는 김구와 함께 임시정부 내각을 구성하였던 김갑, 불교계의 독립운동을 이끌었던 김법린을 부산을 대표하는 독립운동가로 소개하고 있다.

해방 후 한반도의 일본인들

1945년 8월 15일 마침내 해방이 찾아온다. 1910년 8월 29일 나라를 빼긴 지 34년 11개월 만의 일이다. 하지만 우리 땅에 살던 일본인들은 자국의 패망 소식을 믿지 못한다. 일본 정부가 2차 세계대전 내내 자국에 불리한 소식을 철저히 감췄기 때문이었다. 얼마 후 미군이 남한에 들어온다. 그리고 미군정은 일본인들의 재산 반출에 한도를 둔다. 이 소식을 접한 일본인이 재빨리 자산을 현금화한 후 값비싼 물건으로 바꿔친다. 문서가 아닌 물건은 일본으로 반출할 수 있었기 때문이었다. 이후 일본으로 향하는 선박에는 과적이 일상화된다. 너무 많은 짐을 실은 선박이 가라앉을 뻔한 사건도 종종 발생한다. 또 일본인들은 부산항과 가까운 부평정시장 인근에 물건을 내놓고 팔기 시작한다. 한 푼이라도 더 건진 후 자국으로 돌아가려 했기 때문이었다. 이 장터는 도떼기시장으로 불린다. 도떼기의 뜻은 명확히 알려지지 않는다. 아마도 질서 없이 난잡하다는 뜻일 것이다. 그런데

국제시장 골목. 지금도 시장 곳곳에 외국 간판이 걸려 있다.

부산항은 일본인만 출입하는 곳이 아니었다. 해방 소식을 듣고 귀국하는 우리 동포들도 북적거렸다. 우리 동포들은 세계 각지에서 들고 온 물건들을 이곳 도떼기시장에 내놓는다. 전 세계의 물건이 진열된 도떼기시장은 국제시장이라는 새로운 이름을 갖는다.

그렇다면 일본인들이 살던 집은 어떻게 됐을까. 일본인들이 살던 집이나 일본 정부가 지은 건물은 흔히 적이 남기고 떠난 가옥이라는 뜻의 적산가옥(敵産家屋)이라고 부른다. 사실 평범한 일본인들은 집을 헐값에 처분해야만 했다. 황망히 일본으로 돌아가야 했기 때문이다. 이리하여 수많은 매물이 헐값에 시장으로 나온다. 이 매물을 마치 이삭 줍는 것처럼 사들이는 사람들이 있었으니 바로 친일파들이다. 돈 많던 친일파들은 말도 안 되는 헐값에 수많은 적산가옥을 사들인 후 비싸게 되팔아 큰 부자가 됐다고 한다. 당시 가정집으로 사용한 작은 건물들은 대부분 사라졌으며, 대형 건물들은 제법 남아있다. 서구 부민동에 위치한 동아대학교 석당박물관은 본래 일본의 경남도청이었다. 서구 토성동에 위치한 한전 중부산지점은 본래 배전회사 남선 전기의 사옥이었다. 중구 대청동에 위치한 부산근대역사관은 본래 악명 높은 동양척식주식회사의 부산지점이었다. 중구 대청동에 위치한 부산기상관측소는 본래 일본 부산측우소의 기상관측소였다. 동구 초량동에 위치한 브라운핸즈 백제 카페는 본래 부산 최초의 개인 종합 병원인 백제병원이었다. 동구 수정동에 위치한 문화공감 수정은 본래 일본인의 사옥이었다.

원도심에 몇 남아 있지 않은 적산가옥

옛 부산측우소 건물, 지금도 기상관측소로 사용하고 있다.

부산에 생긴 변화

부산과 동래는 일제강점기를 전후하여 180도 뒤바뀐다. 단순히 겉모습만 바뀐 것이 아니라 도시 구조까지도 완전히 뒤바뀐다. 이해하기 쉽게 예를 들자면, 앞서 현재의 부산은 과거의 동래, 동평, 기장을 합친 것이라고 했다. 1868년 동평면은 동평면과 부산면으로 분리되니 편의상 동평을 부산이라고 칭하겠다. 일제강점기 이전까지 이 도시의 중심은 동래였다. 부산과 기장이 동래에 편입한 형태였다. 하지만 일제강점기 이후 이 도시의 중심은 부산으로 옮겨간다. 이제 동래와 기장이 부산에 편입한 형태가 된 것이다. 실제로 부산부는 일제강점기 내내 동래의 행정구역을 흡수했고 급기야 동래의 중심인 읍내면까지 흡수한다. 그리하여 경상남도 동래군은 '동래'와 아무런 관련도 없지만 '동래'라고 불리는 이상한 행정구역으로 전락한다. 당시 동래군의 중심은 현재의 부산 기장군이었다. 기장은 한참의 세월이 흐른 1995년에서야 부산에 편입한다.

도시의 산업 구조도 바뀐다. 부산부에는 농토가 줄고 대신 공장이 생긴다. 특히 부산항과 관련한 일자리가 많이 생긴다. 일자리가 생기자 자연스레 외부 인구가 유입된다. 부산과 동래의 외곽 지역에 살던 농사꾼들도 도심으로 들어와 공장에서 일한다. 이리하여 도시 외곽에는 농사를 지을 사람이 부족해진다. 결과적으로 이 도시 전역에 일자리가 생겨난 것이다. 내 할아버지도 이 무렵 부산으로 이주하셨다. 내 할아버지는 경남 밀양 출신으로, 어릴 적 어머니, 여동생과 함께 만주로 가셨다. 아마도 일본이 한반도 남부 사람을 만주로 강제 이주시킬 때 건너가신 것 같다. 이후 할아버지는 해방 전에 홀로 고향에 내려오셨고, 오래지 않아 부산에 내려와 농사일을 하셨다. 당시는 부산 말고는 일자리가 없었다고 한다.

해방 후 부산의 행정구역 변화도 살펴보자. 1949년 대한민국은 행정구역 단위를 부제(府制)에서 시제(市制)로 바꾼다. 부산부에서 부산시로 바뀐 것이다. 구제(區制)는 지역마다 다르게 실시한다. 서울은 1943년부터 구제를 실시하지만 부산은 1957년에서야 구제를 실시한다. 1957년 이전에는 출장소라는 것을 설치했었다. 1951년 부산시에는 중부출장소, 서부출장소, 초량출장소, 영도출장소, 부산진출장소, 동래출장소가 있었다. 이 중 중부출장소는 지리적으로나 기능적으로나 부산시의 중심에 위치한다 하여 명명한 이름이다. 물론 지금 이곳은 부산시의 서쪽에 치우쳐 있다. 1957년 위 출장소들은 각각 중구, 서구, 동구, 영도구, 부산진구, 동래구로 개칭한다.

한편 현재의 부산 중구와 서구에는 일제강점기와 관련한 행정구역 이름들이 여럿 남아 있다. 중구 대청동(大廳洞)은 왜관과 관련 있다. 조선 시대에 일본에서 사신이 오면 동래 부사나 부산진 첨사는 연회를 베풀었다. 연회 장소는 초량왜관에 있는 연향대청(宴饗大廳)이었는데, 대청동은 연향대청에서 유래한 이름이다. 중구 광복동(光復洞)은 일본의 중심에서 조국의 광복을 기린다는 의미로 명명된 이름이다. 실제로 이곳은 일제강점기에 일본인들이 가장 많이 모여 살던 곳이었다. 중구 동광동(東光洞)은 용두산공원의 동쪽에 있으며, 이곳은 초량왜관과 일본 전관거류지의 동관으로 불리던 곳이다. 따라서 동광동은 본래 '동관동'이 돼야 마땅했다. 하지만 '동관'은 발음이 어렵고 무엇보다 이곳은 광복동의 우측에 위치한다. 그리하여 이곳은 동관동이 아닌 동광동으로 명명됐다. 서구 충무동(忠武洞)은 일제강점기에 모든 행사와 집회가 열리던 이곳에서 충무공 이순신의 부산포해전 승리를 기린다는 의미로 명명됐다.

냉전과 한국전쟁

부산의 난개발

2차 세계대전

모두가 알다시피 해방 후 우리는 분단과 전쟁을 겪는다. 그런데 이 과정을 제대로 이해하기 위해서는 2차 세계대전과 냉전을 살펴봐야 한다. 우선 2차 세계대전부터 간단히 살펴보자. 1939년 9월 나치 독일이 폴란드를 침공하면서 2차 세계대전이 발발한다. 나치 독일은 승승장구하여 유럽의 대부분을 점령한다. 그리고는 호기롭게 러시아의 후신(後身)인 소련을 침공한다. 그런데 소련군은 죽여도 죽여도 끝없이 나타난다. 인해전술이었다. 나치 독일군이 소련군의 늪에 빠져 허우적거리던 이때 미국이 등장한다. 세계 제패를 꿈꾸던 나치 독일은 이렇게 패망의 길로 접어든다.

동아시아에서는 일본이 대한제국과 만주를 점령한 후 전격적으로 중국을 침공한다. 당시 중국은 혼란했다. 청의 몰락, 한족의 부활, 군부의 반란, 거기에 일본과의 전쟁까지 복잡하게 얽혀 있었다. 하지만 일본은 쉽사리 중국을 공략하지 못한다. 중국군이 펼치는 인해전술의 늪에 빠진 것이다. 그리고 미국이 등장한다. 일전에 미국은 가쓰라 테프트 밀약을 체결하여 일본의 팽창을 용인했었다. 하지만 일본이 지나치게 팽창하는 것은 원치 않았다. 그리하여 일본으로 향하는 모든 전쟁 물자를 차단하기 시작한다. 다급해진 일본은 1941년 12월 미국 하와이의 진주만 기지를 공습하는 최악의 수를 던진다. 당시 미국은 2차 세계대전에 참전하기 전이었다. 일본은 내심 미국이 전쟁을 원치 않으며 따라서 미국을 강하게 압박하면 자신들에게 협상을 요구해 올 거라고 판단했었다. 하지만 일본의 예상과는 달리 미국은 전격적으로 참전을 선언한다. 하늘 높을 줄 모르고 날아 오르던 일본은 이렇게 패망의 길로 접어든다.

1945년 5월 나치 독일이 패망한다. 이 소식을 접한 일본은 최후의 발악을 한다. 제정신으로는 이해하기 힘든 자살 공격도 이때부터 등장한다. 그러자 미국의 머리 속이 복잡해진다. 일본을 제압할 수는 있지만 태평양의 작은 섬들부터 한반도와 만주 그리고 일본 열도까지 모두 점령하는 여정은 너무나도 길게 느껴졌다. 그리하여 소련을 끌어들인다. 소련에게 만주의 일본군, 즉 관동군을 공격해주길 요구한다. 하지만 소련은 좀처럼 움직이지 않는다. 당시 소련은 유럽 국가들을 공산 국가로 포섭하는데 정신이 팔려 있었다. 그러던 1945년 7월 미국이 원자폭탄 개발에 성공한다. 그리하여 8월 6일과 9일 각각 히로시마와 나가사키에 원자폭탄을 떨어뜨린다. 여기서부터 한반도의 운명은 소용돌이 속으로 빠진다.

소련은 다급히 일본에 선전포고한 후 만주로 쳐들어간다. 일본이 항복을 선언하기 전에 최대한 자신들의 영향력을 넓힐 목적이었다. 관동군은 무기력하게 패퇴한다. 원폭 소식을 듣고는 패망을 직감한 것이다. 기세가 오른 소련군은 만주를 넘어 압록강까지 도달한다. 이에 미국이 당황한다. 자칫 잘못하면 한반도 전체를 소련에 내줄 수 있었기 때문이었다. 결국 미국은 소련과 협상을 벌여 한반도의 38도선 이남만을 차지한다. 한반도 북부에 진입한 소련은 한반도 출신의 젊은 청년 김일성을 앞세워 공산화 작업을 진행한다. 한반도 북부의 모든 동네에서는 민족 반역자를 고발하는 투서가 쏟아진다. 소련군은 친일파들과 깡패들을 찾아 처단한다. 두려움에 떨던 민족 반역자들은 한반도 남부로 야반도주한다. 이렇게 한반도 북부에서는 공산화를 완료한다. 그리고 1945년 8월 15일 일본이 무조건 항복을 선언한다. 이 소식을 들은 우리 임시정부는 탄식한다. 임시정부는 아직 연합군의 자격을 얻지 못했었기 때문이었다.

냉전시대

2차 세계대전의 종식과 함께 냉전 시대가 찾아온다. 냉전 시대란 전쟁이 일어날 것 같은 극도의 긴장 상태가 계속해서 이어지는 시대다. 차갑게 대립하는 두 나라는 미국과 소련이었다. 2차 세계대전의 무대였던 유럽은 전후 완전히 초토화됐다. 멀쩡한 사람도 멀쩡한 건물도 없었고 국가 시스템마저 붕괴됐다. 유럽이 본래의 모습을 되찾기까지는 오랜 시간이 필요할 것 같았다. 하지만 유럽은 불과 수십 년 만에 완벽한 재건을 이룩한다. 이는 미국과 소련이 유럽을 재건하는 데 경쟁을 벌였기 때문이다. 미국과 소련은 세계의 중심이었던 유럽을 자기편으로 끌어들이고 싶어 했다. 좀 더 선명하게 말하자면 유럽이 상대방 편에 흡수되지 않길 바랐다. 유럽 국가들의 입장에서는 나쁠 것이 없었다. 미국과 소련 중 누가 됐든 간에 자신들의 전후 복구 사업을 지원하는 나라라면 모두 환영할 수 있었다. 그리하여 유럽은 미국 편과 소련 편으로 갈린다. 미국의 도움을 받은 나라는 자유주의를, 소련의 도움을 받은 나라는 공산주의를 채택한다.

중국은 2차 세계대전이 끝나자 마자 내전을 치룬다. 국민당과 공산당의 전쟁, 일명 국공 내전이다. 당연한 말이지만 미국은 국민당을, 소련은 공산당을 지원한다. 모든 상황은 미국이 지원하는 국민당에 유리했다. 하지만 국민당은 부패했고 공산당은 일치단결했다. 중국 공산당은 특유의 게릴라전을 벌이며 승기를 잡는다. 설상가상으로 민심까지 공산당 편에 선다. 그리하여 승리한 중국 공산당은 넓은 내륙을 차지하고 패배한 국민당은 대만 섬으로 쫓겨난다. 한편 미국은 중국에 군사 개입을 고려하지만 실행으로 옮기지는 않는다. 또다시 세계대전이 일어날 수 있었기 때문이었다.

일본은 독일처럼 승전국에 의해 분할될 위기에 처한다. 하지만 분할은커녕 아무런 처벌도 받지 않는다. 정작 분할된 것은 피해국이었던 한반도였다. 이는 미국의 예상치 못한 피해로 야기한 결과인데, 미국은 이미 한반도의 절반을 소련에 내어줬다. 이런 판국에 일본 열도의 절반까지 공산 세력에 넘겨줄 순 없는 노릇이었다. 1951년 미국은 샌프란시스코조약을 체결하여 승전국이 일본에 배상권 청구를 하지 못하도록 한다. 당시는 한국전쟁이 발발한 때였다. 미국은 만

일 남한을 지키지 못할 경우 일본을 공산 세력의 팽창을 막는 최후의 보루로 만들려 했다. 이렇게 해서 일본은 전쟁을 일으킨 정권조차 교체되지 않는 기묘한 행운을 얻는다.

한반도는 분명 미국과 소련이 공들이는 지역이었다. 하지만 유럽, 중국, 일본만큼 중요한 곳은 아니었다. 중요도로만 따지자면 가장 중요한 곳은 유럽, 그 다음은 중국 혹은 일본, 마지막이 한반도였다. 미국과 소련은 우선 한반도에 군정(軍政)을 실시한다. 군정이란 점령군이 임시로 점령국을 다스리는 것을 뜻한다. 소련군은 해방 전부터 한반도 북부에 진입해 있었다. 한반도 사람들은 일본을 물리친 소련군을 열렬히 환영했다. 소련은 내심 한반도 전체를 공산화할 수 있을 것이라 기대한다. 반면 미군은 해방 후에야 한반도 남부에 진입한다. 한반도를 선점하지 못한 미국은 한반도의 공산화 가능성을 배제할 수 없었다. 민심이 소련에 쏠려 있었기 때문이었다. 당시 미국 태평양 육군 사령관이었던 맥아더는 한반도 남부에 포고령을 발표한다. 포고령에는 기존의 공무원들은 계속해서 임무를 수행하라는 내용의 조항이 있었다. 쉽게 말해서 미군정은 한반도의 기존 질서를 그대로 유지하겠다고 선언한 것이다. 그런데 한반도의 기존 질서는 일본의 조선총독부 체제다. 일제강점기에 사회 요직을 차지하던 이들은 친일파였다. 이로써 민족 배신자들은 죽임당하는 대신 미군정의 보호를 받고 나아가 새로운 세상에서 사회 지도층으로 발돋움할 기회까지 얻는다. 또한 미군정은 대한민국 임시정부와 건국준비위원회 같은 향후 우리 독자적인 정부를 수립하기 위해 설립했던 우리 임시 기관들까지도 전부 인정하지 않는다. 한반도 남부를 통치하는 것은 오직 미군정밖에 없으며 기존 질서를 흐트러뜨리는 행위는 결코 용납하지 않겠다고 선언한 것이다. 이에 따라 중국에 머물던 대한민국 임시정부 인사들은 각자의 직위를 포기한 채 개인 자격으로 한반도에 입국한다.

한반도 분단

1945년 12월 27일 한반도 역사상 최악의 오보 사건이 터진다. 일명 신탁통치 오보 사건이다. 사건의 배경은 이렇다. 미국, 소련, 영국은 모스크바 3상 회의에서 한반도 문제를 논의한다. 그리고 한반도를 최대 5년간 신탁통치, 즉 일정 기간 대리 통치한 후 독립시키겠다는 내용의 합의문을 발표한다. 그런데 이 합의문은 실상 빈 깡통이나 다름없었다. 소련은 신탁통치를 반대했다. 한반도는 가만히 내버려 둬도 자신들에게 우호적인 정부가 세워질 것 같았기 때문이었다. 같은 이유로 미국은 신탁통치를 찬성했다. 두 나라의 이견은 조금도 좁혀지지 않았고, 이 상태에서 일단 합의문을 작성했다. 그러니 합의문에는 양쪽의 엇갈린 주장이 모두 담겼고 정작 한반도를 어떻게 신탁통치를 할 것인가에 대한 내용은 빠졌다.

그런데 한반도 언론들은 사실과 정반대의 기사를 낸다. 즉 미국은 한반도의 즉시 독립을, 소련은 한반도의 신탁통치를 주장했다는 거짓 기사였다. 한반도인들은 소련에 분노한다. 일본으로부터 해방된 지 겨우 4개월 만에 또다시 다른 나라의 지배를 받는다고 생각했기 때문이다. 소련은 자신들의 입장을 해명하지만 사람들의 분노는 사그라들지 않는다. 이런 와중에 신탁통치를 받아들이자고 주장하는 용감한 사람도 있었다. 이들은 주로 공산주의자들이거나 합의문을 실제로 읽은 지식인들이었다. 지식인들은 이 사건이 좌우 논쟁과는 아무런 관련도 없으며 합의문대로라면 한반도는 최대 5년 안에 단독정부를 수립할 수 있다고 사람들에게 호소한다. 물론 그렇게 될지는 아무도 모를 일이었지만 말이다. 어찌 됐든 간에 이 사건은 이미 진영 대결로 번졌다. 사람들은 신탁통치를 찬성하는 찬탁과 신탁통치를 반대하는 반탁으로 쪼개진다. 결과적으로 한반도는 아무것도 얻지 못했다. 한반도는 3년간 미국과 소련의 신탁통치를 받은 것이나 다름없고, 여론의 분열은 고스란히 남북의 분단으로 이어졌다.

당시 한반도의 정치 상황을 살펴보자. 북한은 본래 파벌 연합 정권이었다. 즉 여러 파벌이 연합하여 국가를 운영했다. 김일성도 본래 한 파벌의 수장에 불과했다. 해방 후 그의 입지는 단단하지 않았다. 그는 어디선가 나타난 비주류 독립운동가였기 때문이다. 일부 공산주의자들은 김일성을 낙하산 인사라고 평가 절하했다. 하지만 김일성에게는 소련이라는 든든한 뒷배가 있었다. 소련군정은 김일성이 한반도 북부를 장악할 시간을 벌어준다. 이 때문에 중국에서 활약하던 공산주의자 독립운동가들은 한동안 한반도 북부에 입국하지 못한다. 이리하여 김일성은 여러 파벌 중에서 가장 큰 힘을 갖는다.

한반도 남부에는 김구, 김규식, 여운형, 이승만 같은 지도자들이 있었다. 이 중에서 이승만은 자유주의 신봉자였다. 그는 공산당을 결코 용납할 수 없으며 따라서 한반도 남부 만의 단독 정부를 수립해야 한다고 주장했다. 반면 김구, 김규식, 여운형은 다소 간의 이념 차이는 있었지만 모두 통일 정부 수립을 지지했다. 사실 김구도 처음에는 이승만과 함께 반탁 운동을 벌였다. 하지만 통일 정부를 수립하기 위해서는 신탁통치를 받아들여야 한다는 조언을 들은 후 찬탁으로 돌아섰다. 그러던 1947년 여운형이 암살당한다. 여운형은 김구와 함께 우리 독립운동을 이끌었던 대들보이자 통일 정부 수립에 가장 앞장섰던 인물이다. 그는 통일 정부 수립을 위해 좌익 세력과 우익 세력이 조금씩 양보하여 연합하는 좌우 합작 운동을 벌였는데, 이에 불만을 품은 극우 테러 단체가 여운형을 암살한 것이다.

이후 한반도 남부의 단독 총선거가 본격화된다. 지푸라기라도 잡아야 했던 김구, 김규식 등은 김일성과 담판을 짓기 위해 평양으로 건너간다. 하지만 김일성은 한반도 남부의 저명한 인사들과 동등한 위치로 회담을 가짐으로써 자신의 평가를 높이려는 잿밥에만 관심 있었다. 김일성의 흑심을 눈치챈 한반도 남부 인사들은 깊은 좌절과 함께 남쪽으로 되돌아온다. 그리고 1948년 5월 10일 한반도 남부에서 단독 총선거를 실시하고 1948년 8월 15일 한반도 남부의 단독 정부인 대한민국을 수립한다. 약 한 달 후인 1948년 9월 9일 한반도 북부에서는 조선민주주의인민공화국을 수립한다. 이로써 한반도는 고려가 통일 왕조를 만든 지 1,012년 만에 분열한다. 그리고 1949년 독립 운동의 상징이었던 김구마저 암살당한다.

한국전쟁 배경

김일성은 억수 같은 행운으로 한반도 북부를 차지했다. 그리고 이제 한 발 더 나아가 한반도 전체를 욕심낸다. 하지만 당시 북한에는 전쟁을 치를만한 무기가 턱없이 부족했다. 그리하여 김일성은 소련의 스탈린에게 도움을 요청한다. 하지만 스탈린은 김일성의 요구를 거절한다. 3차 세계대전을 염려했기 때문이다. 그러던 1949년 중국 공산당이 국민당을 물리치고 사실상 중국 대륙을 차지한다. 그런데 미국은 이를 지켜만 본다. 얼핏 미국이 중국 대륙을 포기한 것처럼 보이기도 했다. 김일성은 재차 스탈린에 도움을 요청한다. 이번에는 스탈린의 생각도 복잡해진다. 중국 내전에 개입하지 않은 미국이, 중국 대륙보다 덜 중요한 한반도에 개입할 가능성은 작아 보였다. 그리고 여기에 기름을 붓는 사건이 발생한다. 1950년 미국 국무장관 딘 애치슨은 일명 애치슨 라인을 선언한다. 애치슨 라인은 미국의 동아시아 방위선, 쉽게 말해서 미국이 공산 세력에게 절대로 뺏겨선 안 될 동아시아 지역들을 지도 위에 선으로 그어 표시한 것이다. 그런데 애치슨 라인에서 한반도와 대만은 제외된다. 즉 한반도와 대만은 미국이 반드시 지켜야 할 지역이 아니라고 선언한 것이다. 이후 소련은 전격적으로 한국전쟁을 승인한다. 중국도 북한을 돕기로 합의한다. 그런데 스탈린이 전쟁을 승인한 진짜 속내는 사실 아무도 모른다. 스탈린은 정말로 미국이 한반도에 개입하지 않을 거라고 판단했을까. 그렇지 않을 수도 있다. 일부 학자들은 스탈린이 미국의 한반도 군사 개입을 확신했으며 그런데도 전쟁을 승인한 까닭은 미국이 유럽 재건에 몰두할 수 없도록 만들기 위함이라고 주장한다. 이 주장은 꽤 설득력 있다. 그 까닭은 이후 정전협정을 설명할 때 자세히 언급하겠다.

국군은 인민군의 특이 동향을 감지한다. 하지만 적절한 대응은 취하지 않는다. 말로만 반공(反共)을 내세웠지 실제로는 인민군을 막을 준비조차 제대로 하지 않은 것이다. 만약 국군이 전쟁 초기에 적절한 방어태세를 갖췄더라면 우리는 낙동강까지 밀리는 수모를 겪지 않았을 것이다. 그런데 이와 비슷한 후회를 들어본 적 있지 않은가. 약 350년 전 류성룡은 만약 조선이 전쟁 초기에 적절한 방어태세를 갖췄더라면 일본군은 조령을 넘지 못했을 것이라고 후회했었다. 역사를 통해 교훈을 얻지 못한 결과는 처절하고 혹독했다.

인민군의 기습과 유엔군의 반격

1950년 6월 25일 새벽 북한이 전격적으로 남한을 침공한다. 전차를 앞세운 인민군의 기습은 대성공을 거둔다. 최전방을 지키던 국군은 중부 전선을 제외하고는 모조리 박살 난다. 대한민국 대통령 이승만은 전쟁 개시 사흘 만에 서울을 포기한다. 인민군은 한강 이북까지 진격한다. 국군은 부랴부랴 한강 방어선을 구축한다. 패잔병들을 수습하여 만든 임시 방어선이었다. 이들이 무려 사흘 동안 인민군의 남하를 막는다. 그런데 여기에는 논란도 있다. 국군이 목숨을 걸고 인민군의 한강 도하를 막은 것은 사실이지만 인민군이 한강 도

한국전쟁의 주요 전투지와 장소

하를 서두르지 않은 것도 사실이기 때문이다. 인민군은 28일부터 30일까지 서울에 머무른다. 그 까닭은 알 수 없다. 이와 관련해서 북한이 애초에 전면전을 생각하지 않았다, 남한에서 인민 봉기가 일어나길 기다렸다, 중부 전선에서 국군에 패배한 탓에 무기 공급에 차질을 빚었다 등의 추측들이 난무한다. 이유야 어찌 됐든 간에 국군은 목숨을 걸고 한강 방어선을 사수했고, 그리하여 전선을 재정비할 시간을 확보했으며, 그러는 사이 미군이 개입했으니 한강 방어선은 남한이 반격할 수 있었던 기반임이 분명하다. 일본에 주둔하던 미군은 7월 1일 부산 수영비행장에 도착하여 국군과 연합 전선을 형성한다. 그리고 7월 5일 경기도 오산에서 인민군과 첫 교전을 벌이는데, 여기서 대패한다. 미군 보병부대만으로는 인민군 전차부대를 막을 수 없었던 것이다. 이후로도 미군은 인민군에 연전연패한다. 심지어 대전에서는 미군 사단장이 인민군의 포로로 사로잡히는 수모까지 겪는다. 그러는 사이 우리 정부는 대전에서 대구로, 대구에서 부산으로 수도를 임시 이전한다. 또한 국군의 작전 지휘권을 유엔사령부에 이관한다. 그리고 마침내 낙동강 방어선을 구축한다. 낙동강 방어선은 말 그대로 최후 방어선이었다. 이곳마저 뚫린다면 한반도는 적화통일될 것이 분명했다.

낙동강 방어선에서 약 두 달간의 결사 항전이 펼쳐진다. 유엔군도 속속 부산에 도착하여 낙동강 전선에 합류한다. 그리고 9월 15일 불가능할 것만 같던 인천상륙작전이 대성공을 거둔다. 낙동강 전선에 있던 인민군은 대혼란에 빠진다. 당시 인민군 최정예 부대는 모두 낙동강 전선에 있었다. 만약 이들이 38선 이북으로 되돌아가지 못한다면 북한은 사실상 모든 전력을 잃는 셈이었다. 그리하여 낙동강에 있던 인민군 최정예 부대는 최고 속도로 후퇴하고, 인천에 상륙한 아군은 적의 퇴로를 끊기 위해 곧장 서울로 동진하고, 서울에 남아 있던 인민군은 필사적으로 아군의 동진을 막는다. 서울의 인민군은 현재의 연세대학교 서울캠퍼스 일대의 고지들에 방어선을 구축한다. 인천에 상륙했던 한미 해병대는 꼬박 사흘 간의 전투 끝에 간신히 이곳 고지들을 점령한다. 그리고 인천에 상륙한 지 13일 뒤인 9월 28일에는 서울도 수복한다. 하지만 인민군 최정예 부대는 이미 38선 이북으로 후퇴한 뒤였다. 이제 상황은 역전된다. 아군은 수세에서 공세로 전환한다. 그런데 유엔은 한반도의 본래 국경선을 회복하기 위해 군대를 파견했었다. 즉 유엔군은 38선 이북을 넘어갈 수 없었다. 그리하여 국군은 단독으로 38선 이북 돌파를 선언한다. 국군이 38선 이북으로 진격한 10월 1일은 국군의 날로 제정됐다. 일주일 뒤인 10월 7일 유엔군도 법적 문제를 해결하고 38선 이북으로 진격한다.

중공군의 개입과 유엔군의 후퇴

10월 19일 아군은 북한의 수도 평양을 점령한다. 승리를 확신한 유엔군 총사령관 맥아더는 김일성에게 항복을 권유한다. 다급해진 김일성은 중국의 마오쩌둥에게 병력을 요청한다. 3차 세계대전을 염려한 스탈린은 모두에게 휴전을 제안한다. 그리고 이제 중국이 움직이기 시작한다. 중국은 북한이 망하길 원치 않았다. 북한이 사라지면 사실상 미국과 국경을 마주해야 했기 때문이다. 순망치한(脣亡齒寒), 입술이 없으면 이가 시리다. 북한은 중국에 입술 같은 존재였다. 중국은 국군과 유엔군이 계속해서 북진한다면 중공군을 한반도에 파견할 것이라고 경고한다. 중국의 경고는 진심이었다. 하지만 맥아더는 계속해서 북진을 명령한다. 사실 중국의 참전은 의외였다. 중국은 불과 1년 전까지 내전을 겪었다. 엄청난 사상자가 발생한 것은 당연하다. 이런 상황에서 또다시 자국 청년들을 징집하여 남의 나라 전쟁에 보내기란 매우 어렵다. 전쟁은 여론이 뒷받침돼야 가능하기 때문이다. 하지만 모두의 예상을 깨고 중공군 수십만 명은 은밀히 압록강을 도하한다. 이때 소련도 약 1천여 명의 조종사를 중공군으로 위장하여 한반도에 파견한다.

유엔사령부는 이 상황을 전혀 인지하지 못했던 것 같다. 물론 일부에서는 유엔사령부가 중공군 개입을 진즉부터 알고 있었지만 3차 세계대전을 염려한 탓에 이를 애써 부정했다고 주장하기도 한다. 진실은 알 수 없다. 이후 아군이 중공군 포로를 생포함으로써 중국의 군사 개입은 사실로 드러난다. 이렇게 상황은 또다시 급변한다. 중공군은 압도적인 병력 우위를 과시하며 남진한다. 인해전술이었다. 아군도 물러설 수 없었다. 압록강과 두만강이 손에 잡힐 듯 가까웠기 때문이다. 맥아더는 일명 크리스마스 총공세를 지시한다. 앞으로 한 달 안에 전쟁을 끝낸 후 모두 집으로 돌아가서 크리스마스를 보내자며 장병들을 독려한다. 그리하여 아군은 무리하면서까지 중공군을 몰아붙인다. 하지만 중공군은 전투 경험이 풍부했다. 유엔군이 강하게 압박해오자 뒤로 물러서는 척하며 우회하여 아군의 후방을 차단한다. 이렇게 동부 전선의 아군은 고립된다. 유엔사령부는 마침내 현실을 직시한다. 전체 판도는 이미 공산군 쪽으로 기울어져 있었다. 유엔사령부는 어쩔 수 없이 전면 퇴각을 결정한다.

한반도에서 가장 추운 곳인 개마고원, 그 중에서도 가장 추운 장진호에서는 미 해병 1사단이 중공군 12개 사단에 포위돼 있었다. 장진호는 일제강점기에 만들어진 인공 호수로, 이 일대는 한겨울이면 영하 30도까지 떨어진다. 미 해병 1사단은 극심한 추위와 압도적인 병력 차이를 뚫고 극적으로 흥남까지 철수한다. 흥남에는 동부전선에서 고립됐던 아군이 총 집결하여 퇴각할 준비를 하고 있었다. 당시 흥남은 공산군에 포위돼 있었으므로 아군은 해로를 통해 퇴각할 계획을 세운다. 흥남 부두에는 군인들과 전쟁 물자를 수송할 선박들이 속속 도착한다. 그런데 이 소식을 들은 피난민들이 흥남으로 몰려든다. 그 규모는 점차 불어 10만 명을 넘어선다. 하지만 피난민들을 실은 선박은 없었다. 유엔군도 전쟁 물자를 포기할 순 없었다. 유엔군이 피난민을 포기하려 하자 한반도 출신의 군인들이 강하게 반발한다. 일부는 눈물을 흘리며 도의적 선택을 촉구하기도 하고 일부는 국군만이라도 피난민들과 함께 육로 퇴각을 실시하겠다며 엄포를 놓기도 한다. 결국 흥남 철수 작전은 민간인 구출 작전으로 변경된다. 10만여 명의 피난민을 실은 선박들은 12월 25일 무사히 부산항과 거제항에 도착한다. 이후 맥아더는 공공연히 핵무기 사용을 언급하고 다니다 해임된다.

고착된 전선과 지지부진한 정전협정

아군은 12월 4일 평양을 포기한다. 그리고 이듬해인 1951년 1월 4일에는 서울까지 빼긴다. 1·4후퇴다. 아군은 37도선에서 모든 전선을 재정비한 후 총력전을 통해 다시 전선을 끌어 올린다. 그리하여 2월 11일 서울을 수복한다. 이후 현재의 국경선 부근에서 전선이 고착된다. 양군은 현 위치에 강력한 방어선을 형성한다. 이로써 전쟁은 승패 없이 인명만 희생되는 소모전 양상으로 바뀐다. 이때부터 양측은 정전협정을 진행한다. 남북한은 강하게 반발하지만 대세를 꺾을 순 없었다.

그런데 엉뚱한 곳에서 문제가 터진다. 바로 포로 교환이다. 포로 교환 문제의 시발점은 북한과 중국이다. 전쟁 초기 북한은 남한을 휩쓸었다. 이때 인민군은 남한 청년들을 강제로 징집했다. 공산당과 무관한 남한 청년들이 졸지에 인민군으로 둔갑한 것이다. 중국은 더했다. 중국은 한국전쟁에 자국 군대를 파견하지 않았으며 다만 중국 인민들이 자원하여 한국전쟁에 참전했다고 주장했다. 물론 거짓말이었다. 한국전쟁에 참전한 중공군의 절반 정도는 과거 국공 내전 때 생포했던 국민당 군인들이었다. 즉 이들은 과거 중국 공산당에 맞서 싸우다 사로잡힌 자유주의자들이었던 것이다. 이렇듯 강제로 공산 군인이 된 자들은 틈만 나면 아군에 투항했다. 그리고는 자신을 북한이 아닌 남한으로, 중국이 아닌 대만으로 보내달라고 요구했다. 한국전쟁 동안 아군이 생포한 공산 포로는 13만 명이 넘는데, 이는 공산군이 생포한 아군 포로의 숫자에 10배가 넘는다. 그만큼 강제로 공산 군인이 된 사람들이 많았다는 뜻이다. 그런데 정전협정에서 북한과 중국은 공산 포로를 모두 자국에 송환하라고 요구한다. 말도 안 되는 소리였다. 뿐만 아니라 미국 역시 북한과 중국이 제출한 아군 포로 명단을 신뢰하지 않는다. 그들이 포로 숫자를 조작했다고 의심한 것이다. 이로써 정전협정은 한 발자국도 진전하지 못한다. 한편 일부 학자들은 정전협정을 지연시킨 진짜 범인은 스탈린이라고 주장한다. 이들의 주장에 따르면 북한과 중국은 사실 미국이 주장하는 자유 송환 방식, 즉 포로들이 원하는 나라로 송환하는 방식에 찬성했다. 전쟁을 빨리 끝맺고 싶었기 때문이다. 반면 스탈린은 미국이 오랫동안 한반도에 머물길 바랐다. 그리하여 미국이 유럽 재건에 집중하지 못하길 바랐다. 이 때문에 포로 송환 방식에 꼬투리를 잡은 것이다. 이 주장은 앞서 스탈린이 일부러 미국을 한반도 전쟁에 끌어들였다는 주장과 일맥상통하다.

간신히 체결하는 정전협정

양측은 무려 2년 간이나 정전협정을 체결하지 못한다. 그러는 사이 남한에서는 이승만이 재선에 성공하고, 미국에서는 아이젠하워가 대통령에 당선되고, 소련에서는 스탈린이 사망한다. 세 사람은 모두 정전협정에 깊숙이 관련된 인물들이다. 위 인물들과 관련한 사건들을 시간순으로 살펴보자. 먼저 이승만이다. 이승만은 1952년 8월 재선에 성공한다. 이 선거는 불법적으로 행해진 선거다. 하지만 당시 국민 여론을 전혀 반영하지 못한 선거는 아니다. 이승만은 선거 전부터 정전협정을 반대했었다. 그가 재선에 성공했다는 것은 당시 국민 중에서도 정전을 반대하는 사람들이 많았다는 방증이다. 이후 이승만은 전국 곳곳을 돌아다니며 북진통일을 주장한다. 정전협정을 강행하는 미국에 노골적으로 불만을 드러낸 것이다.

1953년 1월 아이젠하워가 미국 대통령에 취임한다. 아이젠하워는 2차 세계대전 당시 연합군의 총사령관을 역임한 인물이다. 하지만 그는 전쟁광은 아니었다. 그는 이른 시일 내에 한국전쟁을 끝내겠다고 공략했고 미국인들은 그에게 투표했다. 즉 미국인들은 한국전쟁이 빨리 끝나길 원했다. 아이젠하워는 대통령이 되자마자 정전협정을 강하게 밀어붙인다. 그러던 1953년 3월 스탈린이 사망한다. 앞에서도 언급했지만 스탈린은 북한과 중국이 정전협정을 체결하지 못하도록 압박한 것으로 의심된다. 이후 북한과 중국은 그토록 고집하던 강제 송환 방식을 하루아침에 포기하고 대신 미국이 원하던 자유 송환 방식에 합의한다. 이로써 남한은 한국전쟁 휴전을 반대하는 유일한 나라가 된다. 이승만은 다급해진다. 그리하여 과격한 카드를 꺼내드는데, 바로 반공 포로 석방이다.

이승만은 아군이 생포한 포로 중에서 자국으로 송환되길 원치 않던 약 3만 명의 포로를 반공 애국 포로로 규정한 후 석방한다. 이에 북한과 중국이 노발대발한다. 미국과 전 세계는 당황한다. 국가 간의 합의를, 그것도 전쟁을 멈추는 대가로 결정한 사항을 덜컥 걷어차버린 남한을 이해할 수 없었기 때문이다. 북한과 중국은 석방한 포로들을 모두 재수용하라고 요구하지만 이미 엎질러진 물이었다.

그리하여 정전협정은 파국으로 치닫는다. 아이젠하워는 격노한다. 그는 이승만에게 특사를 보내는 한편 플랜 에버레디(Plan Eveready), 일명 이승만 제거 작전을 준비한다. 만약 이승만이 정전협정에 공조하지 않고 독자적인 군사 행동을 지시한다면 그를 제거할 계획이었다. 이승만은 미국 특사에게 세 가지 요구사항을 전달한다. 첫째 한반도 유사시 미군이 자동 개입하는 한미상호방위조약을 맺을 것, 둘째 한미상호방위조약을 정전협정보다 이전에 맺을 것, 셋째 중공군이 한반도에서 철수할 것이었다. 아이젠하워는 이승만의 요구사항을 모두 거절한 후 거꾸로 이승만에게 한 가지 제안을 한다. 남한이 정전협정에 공조한다면 미국은 한반도 유사시 미군이 국회의 동의를 받아 개입하는 한미상호방위조약을 남한과 체결하겠다는 것이었다. 자동으로 개입하는 것과 국회의 동의를 받은 후 개입하는 것은 큰 차이가 있다. 자동 개입으로 못 박아 버리면 미군은 설령 남한이 북한을 공격한다 하더라도 반드시 개입해야 한다. 이승만과 미국 특사는 2주가 넘은 협상을 벌인다. 그리고 끝내 미국의 요구가 관철된다. 1953년 7월 27일 마침내 정전협정을 체결한다. 하지만 남한은 정전협정에 참여하지 못하고 이후 국군의 작전 통제권마저 미군에 이양한다. 한편 한미상호방위조약은 정전협정을 체결한 이후인 1953년 10월에 체결하고, 중공군은 한국전쟁이 끝나고 5년 뒤까지 북한에 주둔한다.

한국전쟁 결과

한국전쟁의 결론은 처참하다. 우선 한반도 인구 10명 중 1명이 사망했다. 어마어마한 인명 피해가 발생했지만 정작 국경선은 이전과 크게 달라지지 않았다. 일제강점기에 설치했던 생산 시설 대부분이 파괴됐다. 이로 인하여 남북한 모두 경제 침체기에 접어들었다. 한민족이던 남북한이 서로를 적으로 간주하게 됐다. 이 적대심은 남북한의 독재 정권 체제를 공고히 하는 데 악용됐다. 남북한의 평범한 시민들에게는 그야말로 무의미한 전쟁이었던 것이다.

이웃 나라들도 살펴보자. 우선 일본은 한반도의 피로 말미암아 부활했다고 해도 과언이 아니다. 2차 세계대전 패망 이후 일본은 빈털터리가 됐다. 그런데 한국전쟁이 터지자 미국은 전쟁 물자를 생산하는 군수 시설들을 일본에 설치했다. 한반도와 가장 가까운 곳이었기 때문이다. 이 공장들은 3년 내내 가동되어 일본을 먹여 살렸다. 일본 입장에서는 재기의 발판을 마련한 셈이다. 중국은 일단 북한을 지키는 데 성공한다. 하지만 약 100만 명의 사상자가 발생하여 큰 타격을 입는다. 또한 중국은 한국전쟁 이후 국경을 봉쇄하여 경제 침체기를 맞는다. 대만은 미국이 포기하려던 섬에서 반드시 지켜야 하는 섬으로 입지가 올라간다. 이는 미국이 중국을 견제하기 시작했다는 방증이기도 하다. 미국과 소련은 크게 얻은 것이 없다. 다만 시각에 따라서는 소련이 유럽에 대한 영향력을 키우는 시간을 벌었다고 보기도 한다. 이렇게 냉전 시대는 공고해져 간다. 미국은 자유 진영 국가들이 공산 세력에 편입되지 않도록 엄청난 돈을 쏟아붓는다. 우리

나라도 미국의 원조를 받는다.

임시수도 부산의 정치 상황

한국전쟁 동안 부산은 총 두 차례 임시수도로 선정됐다. 첫 번째는 전쟁 초기에 아군이 한창 후퇴하던 1950년 8월 18일부터 평양을

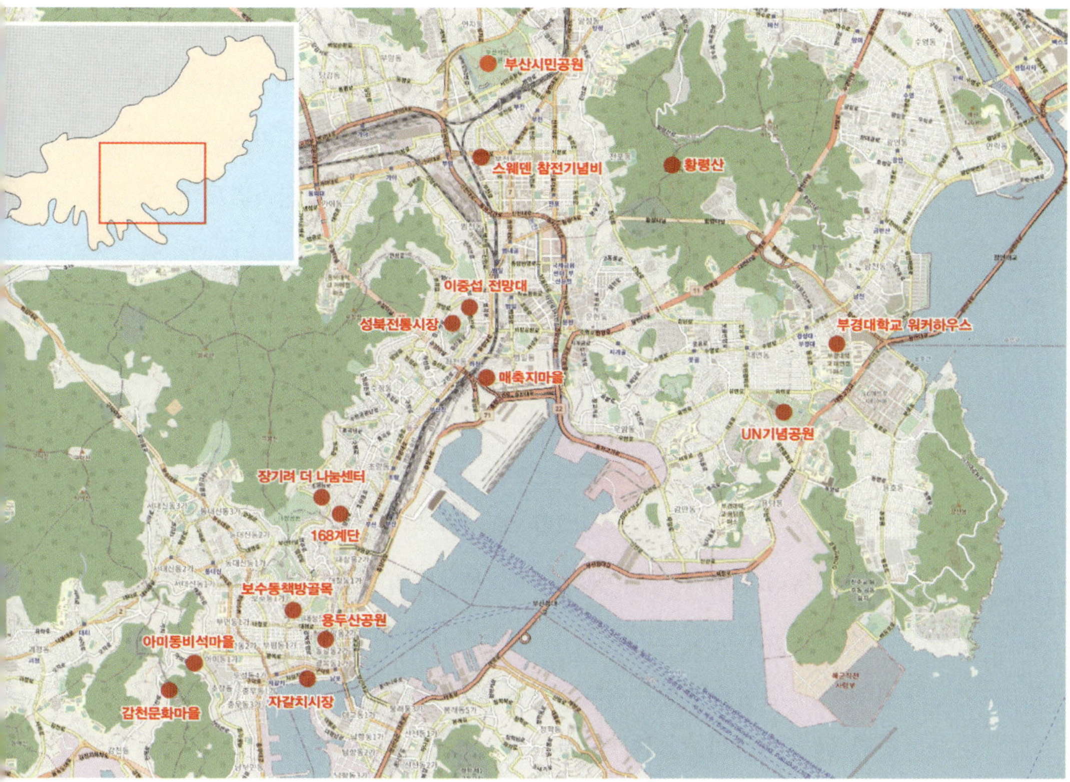

한국전쟁과 피난민들의 흔적이 남은 부산의 주요 지역

점령한 후인 10월 27일까지였고 두 번째는 1·4후퇴를 선언한 1951년 1월 4일부터 정전협정을 체결한 1953년 7월 27일까지였다. 기간은 총 1,023일이다. 부산이 한 나라의 수도 역할을 맡은 것은 더할 나위 없는 경사다. 부산의 지리적 요건 상 이런 경사는 앞으로 없을 가능성이 높다. 하지만 넓은 관점에서 볼 때 부산이 임시수도로 선정된 것은 불행한 일이다. 민족의 비극이 없었다면 부산이 임시수도로 선정될 일도 없었기 때문이다. 이렇듯 부산은 민족의 비극으로 성장한 도시다. 이 도시는 언제나 민족의 피를 양분 삼아 성장했다. 경인년 왜구가 그랬고, 임진왜란이 그랬으며, 일제강점기가 그랬다. 하지만 지금의 부산을 만든 비극은 뭐니뭐니 해도 한국전쟁이다. 한국전쟁은 세도정치기부터 시작한 우리 민족의 암흑기에서도 가장 암울한 사건이다. 민족 간의 내전이었고, 세계 열강들의 대리전이었으며, 35년의 원수를 부활시킨 전쟁이었기 때문이다.

부산이 임시수도로 선정되자 정부 기관들은 임시 청사로 사용할 건물들을 탐색한다. 그런데 당시 부산에는 적산가옥 말고는 번듯한 건물이 없었다. 애통할 일이 아닐 수 없다. 일본에는 독립을, 북한에는 반공을 외치던 우리 정부가 정작 인민군의 공격을 막지 못해 일본이 지은 건물로 들어간 것이다. 하지만 누구를 탓하리오. 이 모든 비극은 우리 힘이 약했던 탓이다. 피란 정부의 대통령 관저와 경무대는 조선총독부 경남도지사의 관사로 지었던 현 임시수도기념관으로 정해진다. 임시중앙청(현 정부종합청사)은 조선총독부 경남도청으로 지었던 현 동아대학교 석당박물관으로 정해진다. 행정 각부 중 하나였던 상공부는 일제강점기에 남선전기 사옥으로 지었던 현 한전 중부

동아대학교 석당박물관으로 사용 중인 옛 임시중앙청

산지점으로 정해진다. 국회의사당은 부산 최초의 극장인 부산극장으로 정해진다. 한편 임시수도 정부 기관들이 밀집해 있던 현재의 부산 서구 부민동 일대는 대한민국 임시정부 기념 거리로 지정됐다.

임시수도 부산은 정치적 혼란의 중심이었다. 부산에서 일어난 정치 상황 중에서 가장 유명한 사건은 부산 정치 파동 사건이다. 당시 우리나라는 국회가 대통령을 뽑는 간접선거제도를 채택하고 있었다. 이는 미군정이 심어 놓은 제도였는데, 미군정은 신생 민주 국가의 대통령은 쉽게 독재자로 전락할 수 있다는 점을 염려했다. 그리하여 국민이 대통령을 뽑는 직접선거제도 대신 국회가 대통령을 견제할 수 있는 간접선거제도를 채택했다. 그런데 한국전쟁이 한창이던 때에 믿을 수 없는 두 사건이 발생한다. 첫 번째 사건은 거창 양민 학살 사건이다. 인천상륙작전 이후 퇴로가 끊긴 인민군은 혼비백산하여 높은 산 등지로 도망간다. 이들을 빨치산이라고 부른다. 빨치산은 먹을 것을 구하려 밤마다 인가를 약탈한다. 겁에 질린 주민들은 낮에는 태극기를 밤에는 인공기를 내건다. 국군은 시급히 빨치산 토벌에 나선다. 그러던 1951년 2월 국군이 경남 거창군 신원면에서 빨치산의 공격을 받는다. 이에 국군은 이곳 주민들이 빨치산에 협조했다고 판단하여 700명이 넘는 민간인을 학살한다. 두 번째 사건은 국민방위군 사건이다. 한국전쟁 발발 후 정부는 국민방위군이라는 신규 부대를 편성한다. 그런데 60만 명이 넘는 국민방위군은 아무런 보급도 받지 못한다. 한겨울인데도 방한복조차 지급받지 못한다. 그러다 1·4후퇴를 실시했고, 이 과정에서 10만 명 이상으로 추정하는 국민방위군이 굶어 죽고, 얼어 죽고, 다쳐 죽는 끔찍한 사건이 발생한다. 진상 조사단은 국민방위군사령부 소속 간부들이 예산을 횡령했다는 첩보를 입수한다.

두 사건 이후 국회는 정부를 불신한다. 하지만 이승만은 연임을 꿈꾼다. 그리하여 정부는 국회에 대통령직선제 개헌안을 상정한다. 물론 결과는 압도적인 표 차의 부결이었다. 국회는 곧바로 내각책임제 개헌안을 상정한다. 내각책임제란 지금의 영국과 일본처럼 다수 정당의 대표가 행정부 수장이 되는 제도다. 정부는 발등에 불이 떨어진다. 그리하여 다시 한번 대통령직선제 개헌안을 상정하는 한편 이를 통과시키기 위해 불법을 저지른다. 1952년 5월 정부는 부산에 계엄령을 선포하여 언론을 통제하고, 깡패들을 동원하여 국회를 포위하고, 국회의원 50여 명이 탄 통근버스를 강제 연행한다. 그러자 한국전쟁 참전국들이 강하게 반발한다. 우리가 목숨을 걸고 공산 세력으로부터 지키는 나라가 정말 자유주의 국가가 맞냐는 것이었다. 이에 정부는 내정 간섭을 말라며 유엔군의 항의를 묵살하고 이참에 국회를 해산시키려 한다. 하지만 미국 트루먼 대통령의 강한 압박으로 국회 해산은 시도하지 않는다. 이때부터 미국은 이승만 제거 작전을 계획했다고 전해진다. 이후 정부는 국회를 열어 개헌안을 통과시키려 한다. 그런데 겁을 먹은 국회의원들은 국회에 출석하지 않는다. 정부는 도망간 국회의원들을 수색하여 찾은 후 국회에 끌고와 강제로 표결하도록 한다. 이렇게 해서 대통령직선제 개헌안은 압도적인 표 차로 가결된다. 1952년 8월 이승만은 재선에 성공한다.

부산으로 향하는 피난민들

다시 전쟁 발발 시점으로 돌아가 보자. 북한이 남한을 침공했다는 소식은 삽시간에 퍼진다. 사람들은 앞뒤 잴 것 없이 피난을 떠나기도 하고, 고심 끝에 집에 남기도 하고, 어찌할 바를 몰라 허둥지둥하기도 한다. 신속하게 결단을 내리지 못하는 사람들이 답답하게 느껴질 수도 있다. 하지만 피난은 결코 쉬운 일이 아니다. 집, 재산, 직장 등 내가 가진 모든 것을 버리고 떠나야 한다. 피난길에는 잘 곳도, 먹을 것도 없다. 무엇보다 목적지가 없다. 어디로 가야 할지도 모르는데 무슨 피난을 떠난단 말인가. 당면한 현실이 예측 불가능한 미래보다 나을지는 아무도 알 수 없다. 이후 전쟁 양상은 요동치고 1·4후퇴가 진행된다. 이때 사람들은 이전과는 달리 허둥지둥하지 않는다. 신속하게 짐을 꾸린 후 망설임 없이 피난을 떠난다. 어영부영했다간 이도 저도 안 된다는 사실을 몸소 경험했기 때문이다. 대부분의 피난민은 대통령이 피신한 곳이자 유엔군이 상주하는 부산으로 피난을 떠난다. 당시 피난민들의 심정은 어땠을까. 다음은 내 상상이다. 산 너머에서 시꺼먼 연기가 피어오른다. 굉음을 내는 전투기가 지나가면 곧 천축을 울리는 폭탄 소리가 귓구멍을 때린다. 을씨년스런 하늘 아래로 혼이 나간듯한 얼굴의 사람들이 빠르게 걸어간다. 모두 남쪽을 향하고 있다. 다급히 짐을 꾸리는 한 가족이 있다. 이 가족의 가장이 중대한 결심을 한다. 그는 아내에게 큰아들과 아직 어린아이들을 데리고 먼저 출발하라고 한다. 지체했다간 인민군에게 붙잡힌다, 모두가 사로잡히느니 일부라도 살려야 한다는 말에 아내도 동의한다. 남편은 큰아들에게 가장의 임무를 맡긴다. 그리고 부산에서 다시 만날 장소를 정한다. 부산하면 가장 먼저 떠오르는 곳, 얼마 전 소문으로만 들었던 한쪽 다리가 올라간다는 그 다리. 가족은 영도다리에서 재회하자고 몇 번이나 약속한 후 눈물로 이별한다. 남편은 남은 짐을 마저 정리한 후 둘째 아들과 노모에게 출발하자고 말한다. 그런데 노모는 자식의 짐이 되길 거부한다. 설마 노인네까지 죽이겠냐며, 내가 집을 지키고 있겠노라며 단호한 척 말한다. 아들의 입에서는 차마 함께 떠나자는 말이 떨어지지 않는다. 며칠 후 아내와 아이들은 부산에 도착한다. 그런데 힘겹게 도착한 영도다리는 아비규환이었다. 셀 수 없이 많은 피난민이 짐승처럼 울부짖으며 가족을 찾아 헤매고 있었다.

현실도 상상 못지않다. 38선 이북의 강원도에 살던 한 가족이 있었다. 해방 후 이들이 살던 곳은 북한이 됐다. 하지만 이 집의 가장은 공산주의자가 아니었다. 그는 공산당에 가입하지 않기 위해 이곳저곳을 이사 다녔다. 얼마 후 한국전쟁이 터졌다. 가장은 피난 가는 대신 집을 지켰다. 하지만 1·4후퇴 때 피난을 결심했다. 남한이 북한보다 낫다고 판단한 것이다. 그런데 공산군이 생각보다 빠르게 남하했다. 가족은 일단 방공호로 숨었다. 가장은 인민군이 자신의 큰아들을 강제 징병할까 두려웠다. 그리하여 아들에게 만약 무슨 일이 생긴다면 모월 모시 모 장소에서 만나자고 언질을 줬다. 그리고 얼마 후 아들은 인민군에 붙잡혀 끌려갔다. 아들은 훈련소를 탈출할 방법을 고민했다. 그때 신병들을 감시하던 인민군 병사 중에서 동네 친구를 발견했다. 아들은 친구에게 사정하여 중공군 군복을 구했다. 그리고 짧은 중국말을 사용하며 중공군인 척 훈련소를 탈출했고, 아버지와 약속한 바로 그 장소에서 가족과 극적으로 상봉했다. 가족은 곧장 남쪽으로 출발했다. 피난길은 험난했다. 저 앞에서 누군가 북쪽을 향해 걸어올 때면 가족은 재빨리 걸음을 돌려 북쪽으로 피난 가는 척했다. 누구도 믿을 수 없던 시대였다. 그렇게 몇 날을 걸어 마침내 국군을 만났다. 국군은 이 가족을 트럭에 태우고는 어디론가 출발했다. 이틀이나 빙빙 돌아 도착한 곳은 경기도 평택이었다. 이곳에는 많은 피난민이 있었다. 국군은 피난민들에게 남쪽으로 가려면 트럭에 타라고 말했다. 하지만 가장은 남쪽으로 가는 대신 경기도에 머물기로 했다. 후에 듣기로 이 트럭들은 부산이 아닌 전라도로 갔다고 한다. 이 가족의 둘째 딸이 내 외할머니다. 한편 인민군 훈련소에서 간신히 탈출했던 내 외할머니의 오라버니는 얼마 후 국군에 징집됐다. 그리고 전쟁이 끝난 후에도 돌아오지 않았다고 한다.

이렇듯 1·4후퇴를 기점으로 많은 사람이 피난을 결심했다. 피난민들의 목적지는 대부분 부산이었다. 부산은 안전하기도 했지만 무엇보다 일자리가 있었기 때문이었다. 한국전쟁이 끝난 후 부산의 인구는 100만 명을 넘어서는데, 이는 전쟁 전보다 3배 이상 증가한 수치다. 그런데 이 수치는 전쟁이 끝나고 고향으로 돌아갈 사람은 다 돌아간 후에 집계한 수치다. 따라서 전쟁 도중 부산의 인구는 어쩌면 200만 명이 넘었을 지도 모른다. 30만 명이 살던 도시에 200만 명이 들어갔으니 도시가 마비된 것은 당연하다. 정부는 부산에 긴급히 인구 유입 제한 조치를 실시하고 피난민 수용소도 설치한다. 하지만 이 조치들은 아무런 효력도 발휘하지 못한다. 피난민 수용소는 눈 깜짝할 사이에 동나고, 월세를 내고 방 한 칸을 얻는 사글셋방도 곧 바닥 난다. 이 도시에서 사람이 살던 모든 곳이 만원에 이른 것이다. 국군이 피난민들을 전라도로 수송한 까닭을 납득할 수 있다. 그렇다면 방을 얻지 못한 피난민들은 어떻게 됐을까. 이들은 사람이 살지 않는 가파른 산이나 오물이 흐르는 냇가에 판잣집을 짓는다. 수천 년 전부터 이어진 이 도시의 기존 질서가 파괴되는 순간이다. 피난민들이 사는 곳마다 새로운 마을이 생기고 피난민들이 걷는 곳마다 새로운 길이 생긴다. 이렇게 시작한 난개발은 곧 도시 전역으로 번진다. 간혹 피난민들은 부산 원도심, 즉 부산항 주변에만 모여 살았다고 생각하는 사람이 있는데 이는 사실이 아니다. 피난민들은 이 도시의 모든 곳으로 흩어졌다. 실제로 어떤 피난민들은 이 도시의 구석까지 들어와 이름 모를 야트막한 산기슭에 판잣집을 지으려 땅을 팠는데, 땅을 파는 곳마다 웬 항아리들이 나와 분노했다고 한다. 그리하여 발견한 것이 복천동 고분군이다.

부산 곳곳에 남은 피난민의 흔적

영화나 드라마 촬영 장소로 각광받는 매축지마을

피난민 수용소의 흔적은 여전히 남아 있다. 일제강점기로 거슬러 올라가 보자. 일본은 24시간 365일 34년 11개월 내내 우리 것을 수탈했다. 한반도 곳곳에서 수탈한 것들은 열차에 실려 주요 항구로 이동했고, 항구에서 선박으로 옮긴 후 일본 열도로 보내졌다. 그런데 기차역에서 선박까지 짐을 옮기는 일도 예삿일이 아니었다. 결국 이 역할은 사람이 아닌 말이 도맡는다. 일본은 부산항 주변에 말과 마부들이 쉴 공간을 설치한다. 세월이 흘러 한국전쟁이 터지자 우리 정부는 이 마구간을 피난민 수용소로 사용한다. 그리하여 생긴 마을이 현재 부산 동구 좌천동에 있는 매축지마을이다. 매축지마을은 본래 부산포의 바닷가였고, 부산항을 매축할 때 생긴 땅이며, 일제강점기에 마구간을 설치한 곳이자, 한국전쟁 때 피난민 수용소를 설치한 곳이다. 이곳의 틈도 없이 지어진 집들과 복잡한 골목들은 모두 피난민 수용소의 흔적들이다. 또한 일본은 우리 소(牛)도 수탈했다. 팔도의 소들은 부산항에 집결한 후 검역 과정을 거쳐 일본 열도로 보내졌는데, 이 검역소는 현재의 부산 남구 우암동에 있었다. 우암동의 소 검역소도 한국전쟁 당시 피난민 수용소로 사용했다.

부산에서 피난민의 흔적으로 가장 유명한 곳은 부산 사하구 감천동의 감천문화마을이다. 그런데 감천문화마을은 사실 피난민들이 만든 마을이 아니다. 물론 이곳에도 피난민들이 판잣집을 짓고 살긴 했지만 이곳에 제대로 된 마을을 형성한 것은 종교 단체다. 한국전쟁 이후 태극도라는 신흥 종교를 믿던 3천여 가구가 이곳으로 집단 이주한다. 그리하여 이곳은 태극도 신앙촌으로 불린다. 태극도 신앙촌은 오랫동안 전혀 개발되지 못했다. 그러던 2009년 이곳

부산을 상징하는 장소 중 하나인 감천문화마을

에 공공 미술 프로젝트를 실시하면서 변화가 시작된다. 삭막했던 마을은 알록달록해지고 답답했던 건물들은 오밀조밀하다는 이미지로 전환된다. 그리하여 감천문화마을은 현재 부산을 대표하는 관광지로 알려지고 있다. 감천문화마을의 지척 거리에는 아미동 비석마을이 있다. 현재의 부산 서구 아미동의 산기슭은 일제강점기에 일본인의 공동묘지였다. 한국전쟁이 터지자 정말로 살 곳을 찾지 못한 피난민들은 이 공동묘지에 판잣집을 짓는다. 삶의 치열함이 죽음의 공포를 이긴 것이다. 아미동비석마을은 마을 전체가 피난민의 흔적이다. 마을의 좁은 골목은 두 사람이 지나가기 힘들 정도로 좁아서 마치 옆집이 옆 방처럼 느껴질 정도다. 마을 곳곳에는 여전히 무덤 비석들이 남아 있다. 이런 모습이 현대인의 눈에는 처절하게 보이겠지만 당시 피난민들은 먹고살기가 바빠 그런 감정도 못 느꼈다고 한다.

마을 곳곳에 비석의 흔적이 남아있는 아미동 비석 마을

이바구길의 하이라이트인 168계단, 지금은 계단 옆에 모노레일이 설치되어 있다.

경부선 부산역의 길 건너편에는 초량 이바구길이 있다. 이바구란 이야기의 지역 사투리로, 이바구길을 해석하자면 이야기가 있는 길 정도 되겠다. 부산항과 맞닿은 이곳에는 당연히 판잣집이 가득했다. 그런데 이곳에는 큰 문제가 있었다. 바로 식수다. 우물이 산 아래에만 있었기 때문이다. 산 높은 곳에 살던 사람들은 식수를 구하려 매번 먼 길을 돌아 산 아래까지 내려와야 했다. 이러한 불편을 해소하기 위해 산 위아래를 곧장 잇는 가파른 계단을 만든다. 이 계단이 현재 초량 이바구길의 하이라이트인 168계단이다. 상상해 보자. 저 먼바다에서 뱃고동 소리가 들릴 때면 산 위에 살던 장정들은 너 나 할 것 없이 168계단을 뛰어 내려간다. 선박이 들어오면 짐을 옮길 인부가 필요할 것이고, 인부로 선택 받으면 노동의 삯을 받아 식량을 구할 수 있기 때문이다. 운 좋게 인부로 선택 받은 사람들은 양손 가득 먹을 것을 들고 168계단을 올라갔을 것이다. 반면 선택 받지 못한 사람들은 산 아래의 우물에서 켠 냉수만 들이켜고 집으로 올라갔을 것이다.

피난민들은 지금 당장 돈을 벌어야 했다. 목숨을 부지하려 부산까지 왔건만 허무하게 굶어 죽을 순 없는 노릇이었다. 물론 피난길에 잃어버린 가족을 찾는 일도 시급했다. 하지만 배를 곯아 울 힘도 없이 누워 있는 자식새끼들을 살리는 일이 더 중요했다. 그리하여 피난민들은 무작정 거리로 나가 일자리를 찾아 헤맨다. 다양한 일거리가 있었지만 대체로 여자들은 시장으로, 남자들은 항구로 향한다. 과거의 남빈이자 현재의 부산 중구 남포동에는 일제강점기 때부터 수산물 시장이 있었다. 여성 피난민들은 이 건물 주위에 노점상을 차려 어산물을 판매한다. 이 노점상들이 발전하여 생긴 시장이 바로 자갈

자갈치시장 밤거리

부평깡통시장, 시장의 상징인 깡통이 걸려 있다.

치시장이다. 또한 앞서 일제강점기에 일본인들을 상대로 생긴 시장이었던 부평정시장을 언급했다. 해방 후 부평정시장은 부평시장으로 개명한다. 한국전쟁이 터지자 부평시장에는 온갖 미군 물품과 밀수품이 쏟아져 들어온다. 항구에서 일하던 남성 인부들이 물건을 몰래 빼돌려 부평시장에 내다 판 것이다. 부평시장에 나온 물품 중에는 미군 통조림이 많았다고 한다. 그리하여 부평시장은 부평깡통시장이라고 불린다. 또한 피난민 중에는 미군 부대에서 구한 잡지나 헌책 등을 판매하는 사람들도 있었다. 이들은 아이들이 임시학교로 지나는 골목에서 장사를 시작했는데, 곧 골목 전체가 책 판매 전문 골목으로 변한다. 이 골목이 현재의 부산 중구 보수동에 있는 보수동 책방골목이다.

보수동 책방골목, 피난민들은 자신이 굶는 대신 자식에게 책을 사줬다고 한다.

피난민들을 이야기할 때 절대로 빼놓을 수 없는 것이 바로 화재, 불 난리다. 판잣집은 대부분 나무로 짓는다. 그리고 사람은 불 없이 살 수 없다. 나무와 불은 상극이지만 피난민들은 둘을 품고 살아야 했다. 그리하여 판자촌에서는 하루건너 하루마다 불 난리가 났다. 불은 초기에 진화하지 못하면 곧장 대형 화재로 이어졌다. 판자촌이 불의 불쏘시개 역할을 했기 때문이다. 당시에 피해가 가장 극심했던 화재는 국제시장 대화재, 부산역전 대화재, 용두산공원 대화재다. 이 화재들로 발생한 이재민은 수만 명이 넘었고 피해액도 천문학적이었다. 혹자는 사람이 죽은 건 안타깝지만 판잣집은 다시 지으면 그만 아니냐고 생각할 것이다. 물론 그렇다. 하지만 판잣집도 누군가에겐 귀중한 삶의 터전이다. 피난민들은 판잣집 속에 귀한 보물을 보관했을 것이다. 그것이 잃어버린 가족과 찍은 마지막 사진이 있었을 수도 있고, 돌아가신 부모님의 유품이었을 수도 있고, 잃어버린 자식을 찾을 물품이었을 수도 있고, 그간 모아둔 전 재산이었을 수도 있다. 귀하게 여기던 보물을 잃어버린 고통은 차마 형용하기 힘들 정도였을 것이다. 그런데 화재로 보물을 잃은 건 비단 피난민뿐만은 아니었다. 우리 정부는 한국전쟁 동안 용두산공원에 관재청 창고를 두었다. 이 창고 안에는 역대 조선 왕들의 어진과 궁중 일기 등 귀한 보물들이 있었다. 이 보물들은 용두산공원 대화재로 대부분 소실된다. 용두산공원 대화재는 당시 부산을 상징하던 부산역도 불태웠다. 판자촌에서 시작한 불이 강한 바람을 타고 산 아래의 부산역까지 번진 것이다. 결국 중앙동에 있던 부산역은 완전히 소실됐고 이후 현재의 초량동에 새로운 부산역을 설치한다.

초량동에 위치한 부산역, 부산역 너머에는 부산북항이 있다.

부산 곳곳에 남은 유엔군의 흔적

조선 동래부의 행정구역이었던 서면을 기억할 것이다. 서면은 본래 비옥한 농경지가 많은 땅이었다. 일제강점기에 일본은 이 농경지를 모두 빼앗아 서면경마장을 설치한다. 서면경마장은 청일전쟁 때 일본군의 군사 기지로 바뀐다. 그리고 한국전쟁이 발발하자 미군은 이곳에 부산기지사령부를 차린다. 미군은 주둔 기지를 항상 애칭으로 부른다고 한다. 부산기지사령부는 이 부대의 초대 사령관의 고향이 미국 플로리다 주(州) 하야리아 시(市)라는 점에서 착안하여 캠프 하야리아(Camp Hialeah)라고 불린다. 하야리아 부대는 정전협정을 체결한 후에도 계속 이곳에 주둔한다. 이후 남한은 빠르게 발전한다. 서면은 부산의 도심으로 성장한다. 서면의 모든 곳엔 고층 빌딩이 들어선다. 하지만 서면 한복판에 있는 하야리아 부대는 도시화의 바람을 비껴간다. 1995년 부산 시민들은 이 땅을 시민들에게 돌려달라는 반환 운동을 전개한다. 그리고 2014년 이곳은 부산시민공원이 되어 시민의 품으로 되돌아온다. 부산시민공원은 무려 축구장 65배 크기의 대공원이다. 그리고 무엇보다 평지다. 부산에서 이렇게 넓은 평지에 공원을 설치한 선례는 없다.

스웨덴은 한국전쟁 때 의료지원단을 파견했다. 스웨덴 의료지원단은 옛 부산상업고등학교 자리이자 현재의 롯데백화점 부산본점 자리에 야전병원을 설치한다. 이곳 역시 서면이다. 스웨덴 의료지원단은 정전 후에도 이곳에 남아 계속해서 민간인 치료를 이어간다. 현재 롯데백화점 부산본점 옆에는 스웨덴의 한국전쟁 참전을 기념

도심 한복판에 위치한 부산시민공원, 건물 뒤로 황령산과 금련산이 보인다.

하는 스웨덴 참전 기념비가 설치되어 있다. 한편 한국전쟁 이후 우리 정부는 스웨덴, 덴마크, 노르웨이와 함께 의료센터를 설립하는데, 이 의료센터가 지금의 국립의료원이다.

1984년 국방부와 육군본부는 한국전쟁 4대 영웅을 선정하여 발표한다. 개전 초기 한강 방어선을 구축한 김홍일, 개전 초기 인민군 기습을 막고 이후 백마고지전투 등에서도 승리한 김종오, 인천상륙작전을 성공적으로 이끈 더글러스 맥아더, 그리고 낙동강 방어선을 구축한 월턴 워커다. 개전 초기 미군은 연전연패했다. 인민군의 남진 속도를 지연시키지 못한 탓에 최후 방어선 구축도 쉽지 않았다. 미군 내부에서는 우선 삼랑진과 마산을 잇는 최후 방어선을 구축하고 이마저도 뚫린다면 남한을 포기해야 한다는 주장이 나온다. 이와 관련한 논의는 유엔사령부에서 진행한다. 당시 유엔사령부는 부산수산대학교(현 부경대학교)에 설치됐다. 이곳에서 미 8군 사령관 워커는 삼랑진·마산보다 앞 선인 낙동강에 최후 방어선을 구축하고, 무슨 일이 있어도 남한을 사수할 것을 명령한다. 몇몇 부하들은 워커의 결정에 반대한다. 하지만 워커는 '지키지 못하면 죽는다'(Stand or die)고 말하며 자신의 결정을 밀어붙인다. 당시 유엔사령부 지휘소로 사용했던 건물은 현재 부경대학교의 학생 식당으로 사용하고 있다. 식당의 이름은 워커하우스다. 한편 월턴 워커의 아들인 샘 워커도 한국전쟁에 참전했다. 샘 워커는 큰 공을 세워 은성무공훈장을 받는데, 월턴 워커는 이 행사에 참석하러 가던 도중 교통사고를 당해 사망한다. 사고 위치는 현재의 서울 도시철도 1호선 도봉역 일대였다.

한국전쟁 발발 후 유엔군은 속속 부산에 도착한다. 그런데 부산에는 군대가 주둔할 곳이 마땅찮았다. 평지가 적기 때문이다. 이에 유엔군은 바닷가로 간다. 지금은 관광지로 알려진 해운대 해수욕장과 송정 해수욕장에도 유엔군이 주둔한다. 해운대 해수욕장의 동쪽 끝자락에는 미군 609 수송부대가 주둔한다. 이 일대는 본래 갈대밭이었는데, 미군은 이 갈대들이 주변 경계에 방해된다 하여 모두 갈아엎는다. 또한 609부대는 1971년까지 이곳에 주둔하는데, 그사이 부대 앞에는 미군을 상대로 한 집창촌이 생긴다. 일명 609 집창촌은 최근에서야 완전히 폐쇄됐다. 송정 해수욕장에도 유엔군이 주둔한다. 이 일대는 본래 가을포, 가래포 등으로 불린 지역이다. 가을과 가래는 모두 갈대의 지역 사투리다. 따라서 이 지역은 갈대가 많은 포구였던 것으로 추정한다. 그런데 해안가에는 본래 갈대가 많다. 따라서 가을포나 가래포는 그다지 개성 있는 이름은 아니었던 것 같다. 그래서일까, 어느 시점부터 이곳은 가을포라는 이름 대신 송정(松亭)이라는 이름으로 불린다. 송정의 유래는 두 가지 설이 있다. 첫째는 이곳에 대대로 살던 광주 노씨 가문의 사람이 해송이 울창한 언덕, 추측건대 현재 송정 해수욕장의 끄트머리에 있는 죽도에 송호재(松湖齋)라는 정자를 지은 데서 유래한다는 설이고 둘째는 죽도의 암벽에 자란 소나무에서 유래한다는 설이다. 이 소나무는 수백 년 동안 송정마을의 상징처럼 여겨졌다고 한다. 어떤 설이 옳은지는 알 수 없지만 죽도의 암벽에 소나무가 있었던 것은 확실해 보인다. 한국전쟁 당시 송정 해수욕장에는 영국군이 주둔했었는데, 영국군이 이 소나무를 표적 삼아 사격훈련을 실시했다고 한다. 이로 인하여 소나무는 말라 죽었다. 영국군과 관련한 이야기는 또 있다. 현재의 부산

서핑의 메카로 떠오르는 송정해수욕장. 산 너머에는 해운대해수욕장이 있다.

수영구 광안동에는 호암(虎岩)마을이라는 자연마을이 있었다. 호암마을의 우리 이름은 범바위마을이다. 범바위마을의 유래는 이렇다. 마을 뒷산인 금련산 중턱에 범처럼 생긴 바위가 있었다. 어느 날 어둠이 내려앉을 무렵 한 나그네가 이곳을 지나가는데, 이 바위를 범으로 착각하고는 기절해버렸다. 얼마 후 정신을 차린 나그네는 허겁지겁 마을로 도망갔다. 그리하여 마을에는 범이 나타났다는 소동이 벌어졌다. 하지만 모든 정황상 나그네가 바위를 범으로 착각했다는 사실을 드러났고 이후로 이 마을은 범바위마을로 알려졌다. 이 범처

럼 생긴 바위는 한국전쟁 당시 이곳에 주둔하던 영국군이 계곡으로 밀어 떨어뜨려 사라졌다고 전해진다.

부산 남구는 세계 유일의 유엔평화문화특구로 지정되어 있다. 남구에 있는 대표적인 유엔 관련 시설은 유엔기념공원과 유엔평화기념관이다. 한국전쟁 초기에 전사자들은 전국 각지에 임시매장 됐다. 그러던 1951년 현재의 유엔기념공원 자리에 모든 유엔군 전사자들을 이장 및 안치한다. 1955년 우리 국회는 이 묘지를 유엔에 영구히 기증하기로 결의한다. 그리하여 세계 유일의 유엔군 묘지 겸 공원인

한국전쟁 전사자가 묻힌 유엔기념공원. 이곳 주민들에겐 공원으로 활용되고 있다.

유엔기념공원이 탄생한다. 이곳은 지금도 유엔이 직접 관리한다. 유엔평화기념관은 한국전쟁의 과정과 유엔군의 활약상 등을 소개하는 공간이다.

피난민의 삶, 장기려와 이중섭

부산으로 피난 왔던 두 사람을 소개하려 한다. 의사 장기려와 화가 이중섭이다. 장기려는 1911년 평안북도 용천 출신으로 한국전쟁 당시 평양 도립병원의 병원장이었다. 중공군 개입 이후 아군이 평양을 포기할 때 장기려는 남한으로 내려온다. 평양 탈출 당시 장기려는 국군 장병 치료를 위해 환자 수송 버스에 탑승했는데, 장기려의 가족들은 이 버스에 탑승할 수 없었다. 그런데 장기려의 둘째 아들이 장기려에게 짐을 가져다주려다 얼떨결에 버스에 탑승한다. 그렇게 버스는 출발하고 장기려와 가족은 남한에서 다시 만날 것을 기약한다. 하지만 이것이 장기려 가족이 함께한 마지막 모습이다. 남은 가족들은 끝내 평양을 탈출하지 못한다. 장기려는 마음이 따뜻한 사람이었다. 그는 복음병원(현 고신대 의료원)을 세워 가난한 피난민을 치료했다. 장기려는 병원장의 권력을 이용하여 가난한 피난민들에게 무료 진료를 이어갔다. 하지만 병원을 운영하려면 돈이 필요했다. 장기려는 결국 병원의 제지를 받아 무료 진료를 할 수 없게 됐다. 하지만 그는 이후로도 영양실조 환자에게는 닭값을 내어주라는 처방을 내렸고, 돈 없는 환자가 몰래 병원을 빠져나갈 수 있도록 뒷문을 열어뒀다. 장기려는 실력 있는 의사였다. 그는 우리나라 최초로 간암 절제 수술을 성공한 의사다. 그가 간 대량 절제 수술에 성공한 10월 20일은 간의 날로 지정됐다. 장기려는 혜안도 뛰어났다. 당시 피난민들은 돈이 없어 진료를 받지 못했다. 이를 고민하던 장기려는 청십자의료보험조합을 만들었다. '건강할 때 이웃 돕고 병났을 때 도움받자'는 표어는 사람들의 마음을 움직였다. 그렇게 수많은 시민이 청십자의료보험에 가입했다. 청십자의료보험은 우리나라 의료보험 제도의 초석이 됐다. 장기려는 청렴결백하기까지 했다. 그는 집도 재산도 없었다. 평생을 병원 옥상의 관사에서 살았다. 또한 북에 남겨둔 아내를 그리워하며 평생 독신으로 살았다. 사실 그는 아내를 만

이중섭전망대, 전망대에서 내려가는 계단이 이중섭거리다.

날 수 있었다. 1985년 남북한은 이산가족 상봉에 합의했는데, 이때 장기려는 특별방북 대상자로 선정됐다. 하지만 그는 자신만 특혜를 받을 수 없다며 정부의 제안을 거절했다. 이후 아내의 생존 소식이 전해졌고 중국에서 아내를 만날 기회도 생겼다. 하지만 장기려는 이 또한 특권이라며 거절했다. 장기려는 끝내 아내를 보지 못한 채 1995년 12월 세상을 떠났다. 2000년 8월 15일 북한에서 이산가족 상봉 행사가 열리던 날 장기려의 둘째 아들이자 의사가 된 장가용은 마침내 90세의 노모 김봉숙과 형제들을 만난다. 그런데 알고 보니 장기려의 장남이자 장가용의 형도 북한에서 의사가 된 것이다. 장가용의 아들 역시 의사가 됐으니 장기려 집안은 대한민국을 넘어 한반도를 대표하는 의사 집안으로 손색없다. 현재 초량 이바구길의 끝에는 장기려의 업적을 기리는 공간이자 마을 공동체 공간인 장기려 더 나눔센터가 있다.

이중섭은 1916년 평안남도 평원에서 태어났다. 그는 1937년 일본으로 건너가 미술을 공부했는데, 이때부터 천재 소리를 들었다. 또한 이곳에서 아내 야마모토 마사코를 만났다. 둘은 1945년 5월 원산에서 결혼했다. 이중섭은 원산의 한 학교에서 미술 교사로 재직했다. 그러다 한국전쟁이 터졌고 이중섭은 아내와 두 아들만 데리고 간신히 북한을 탈출한다. 그리하여 이전의 넉넉했던 삶은 사라지고 순식

웹툰 거리로 꾸며진 성북전통시장

간에 빈털터리 피난민으로 전락한다. 이중섭 가족은 부산의 피난민 수용소로 들어간다. 이후 제주도가 살기 좋다는 소문을 듣고 제주도로 건너간다. 하지만 제주도에서의 삶은 빈곤 그 자체였다. 결국 이중섭 가족은 극심한 생활고를 견디지 못해 1952년 부산으로 되돌아온다. 이중섭 가족은 현재의 부산 동구 범일동에 있던 귀환 동포 마을 인근에 판잣집을 짓고 산다. 얼마 후 일본에서 장인어른이 돌아가셨다는 소식이 전해진다. 당시 이중섭의 두 아들도 영양실조에 걸려 있었다. 결국 이중섭은 아내와 두 아들을 모두 일본으로 떠나보낸다. 홀로 남은 이중섭은 부산항 인부로 일하며 틈틈이 작품 활동도 이어간다. 1953년 그는 마침내 가족을 만나러 일본으로 향한다. 당시는 한일 국교가 단절돼 있었다. 정상적인 방법으로는 일본에 입국할 수도, 체류할 수도 없었다. 하지만 이중섭은 여러 사람의 도움을 받아 단 일주일 동안 가족과 함께 시간을 보낸다. 일주일 후 그는 속절없이 부산으로 되돌아온다. 그리고 이때부터 마구잡이로 돈을 벌기 시작한다. 번 돈을 몽땅 뇌물로 바쳐서라도 장기간 일본에 체류할 생각이었다. 그러던 1956년 이중섭은 사망한다. 그의 사망에는 여러 설이 있다. 가족을 그리워하는 마음을 표현한 작품이 외설적이라는 혹평을 받아 정신 이상이 생겼다기도 하고, 고된 노동 후 매일 같이 마시던 술이 화근이 됐다고도 한다. 이중섭은 사망 후 무연고자로 분류되어 사흘간 방치된다. 이후 그의 친구들이 시신을 수습하여 일본의 아내에게 유골을 전달한다. 야마모토 마사코는 범일동 1487번지의 판잣집에서 네 식구가 함께 살았을 때가 가장 행복했었다고 회상했다. 현재 부산 동구 범일동에는 이중섭의 작품들과 이중섭 부부가 나눈 편지들을 전시하는 이중섭거리가 있다. 이중섭은 한국인이 가장 사랑하는 화가로 언급되지만 여느 예술가들처럼 생전에는 인정받지 못했다. 하지만 이중섭의 영향력이 적은 것은 아니다. 이중섭의 흔적은 작은 씨앗이 되어 우리 주변 곳곳에 뿌려졌다. 그리고 이 씨앗들은 무럭무럭 자라나 지금 열매 맺고 있다. 이중섭거리와 멀리 떨어지지 않은 곳에 성북전통시장이 있다. 이 시장은 2017년 웹툰 거리로 선정됐는데, 현재는 시장 건물 곳곳에 웹툰 그림이 그려져 있다. 이중섭은 기존의 틀과 형식을 파괴하고 담뱃갑 은박지에 그림을 그렸다. 그리고 지금 웹툰 작가들은 또다시 기존의 틀과 형식을 파괴하고 있다. 우리는 이중섭이 뿌린 씨앗의 열매를 즐기고 있다.

급격히 발전하는 부산

작은 한반도가 된 부산

부산은 작은 한반도였다. 아니, 유일한 한반도였다. 팔도 사람이 공존하는 유일한 곳이었기 때문이다. 이질적인 문화가 한 곳에 응집하자 새로운 것들이 생겨났다. 대표적인 사례는 밀면이다. 한반도 중북부 지역에서 피난 온 사람들은 고향에서 즐겨 먹던 냉면이 그리웠다. 하지만 부산에는 냉면이란 음식이 없었다. 답답한 사람이 우물을 판다고, 함경남도 흥남 출신의 한 피난민이 직접 냉면을 만들어 팔기 시작했다. 다만 부산에서 구하기 힘든 메밀가루 대신 유엔으로부터 원조 받은 밀가루를 사용했다. 그런데 기후 특성상 남부 지방의 음식은 중북부 지방의 음식보다 간이 세다. 자극적인 맛에 길들여진 부산 토박이들은 슴슴한 냉면을 좋아하지 않았다. 그리하여 육수에 이것저것을 첨가했다. 이렇게 탄생한 음식이 밀면이다. 밀면은 냉면의 면보다는 덜 질기면서도 냉면의 육수보다는 더 새콤달콤한 차가운 국수다. 밀면은 한 가지 예일 뿐이다. 부산의 모든 것은 팔도의 것과 결합하여 새로워졌고 기존에 없던 것들이 날마다 생겨났다. 피난민들이 이 도시를 완전히 새로운 도시로 탈바꿈시킨 것이다. 그런데 다양한 문화가 결합한다고 해서 반드시 긍정적인 결과만 도출되지는 않는다. 대척점에 있는 문화는 서로 섞이기 어렵고 설령 섞인다 할지라도 부작용이 크다. 최근 중동 난민들과 유럽인들이 빚는 갈등이 대표적인 예다. 이런 의미에서 부산은 운이 좋았다. 적당하게 다른 문화가 유입됐기 때문이다. 팔도의 문화는 부산의 문화와는 달랐지만 그래봤자 한민족의 문화였다. 덕분에 부산은 말이나 생활 양식 같은 이 지역 고유의 것들을 그런대로 지킬 수 있었다. 물론 부작용도 있었다. 이 도시는 역사의 연결성이 약하다. 사람들은 조선 동

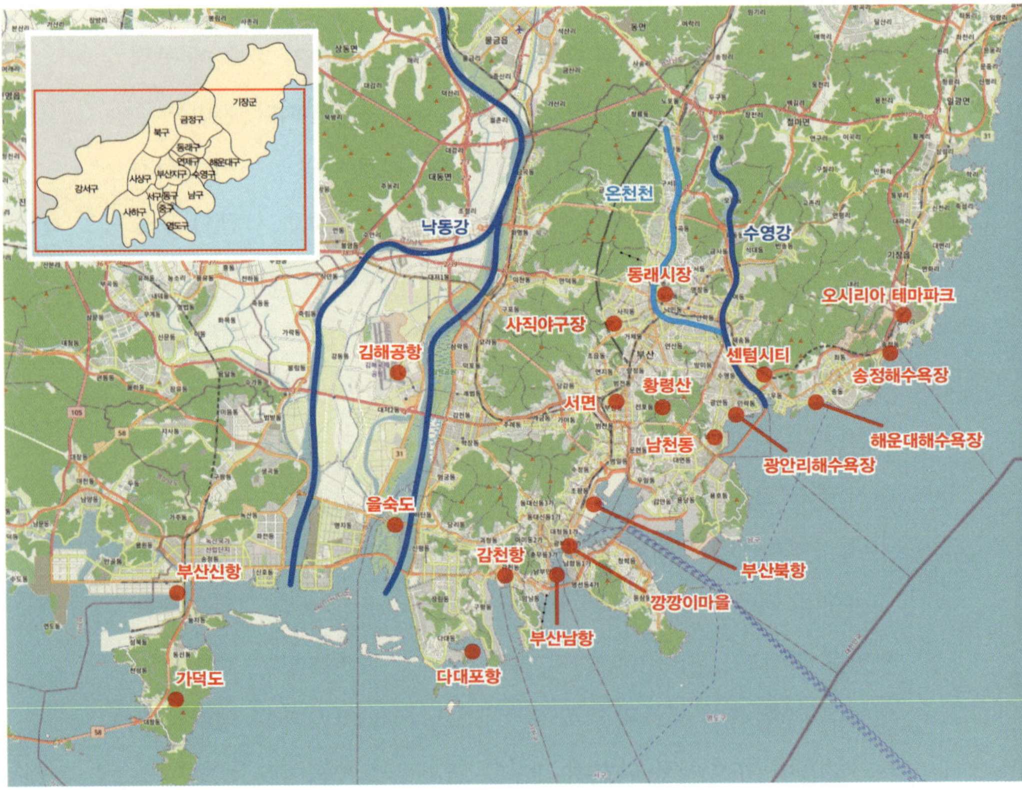

급격히 발전한 부산의 주요 지역

래부와 대한민국 부산시를 연결하지 못한다. 부산이 어디선가 뚝딱 하고 생겨난 도시라고 착각한다. 그리고 정확한 이유는 알 수 없지만 부산은 토박이 논란이 거의 없다. 부산 시민 대부분이 이주민인데도 말이다. 시민 대부분이 이주민인 서울과는 또 다른 양상이다. 부산 토박이는 어떻게 정의할 수 있을까. 내 나름대로 정의해 본다면 일제강점기 이전부터 이 도시에 살던 사람의 후손이다. 일제강점기 이후부터 이주민의 유입이 증가했기 때문이다. 물론 이렇게 정의한 부산 토박이는 전체 시민의 5%나 될지 모르겠다.

미국의 원조와 성장하는 대한민국

한국전쟁이 끝난 1953년 남한의 1인당 기본 소득은 76달러, 세계 최빈국 중 하나였다. 남한은 미국의 원조 없이는 살 수 없었다. 그런데 당시 미국은 남한뿐만 아니라 전 세계에 천문학적인 돈을 쏟아붓고 있었다. 하지만 이 돈을 그리 아까워하지는 않았다. 도리어 세계 패권국이 되기 위한 비용으로 생각했다. 그렇다고 해서 미국이 언제까지나 돈을 퍼줄 수 있는 건 아니었다. 그리하여 미국은 원조를 받는 나라들에게 두 가지 대가를 요구한다. 바로 경제 발전과 민주주의 이식이다. 경제 발전은 원조를 받는 나라들이 언젠가는 자국 국방비를 스스로 감당하게끔 만들기 위함이었고 민주주의 이식은 원조를 받는 나라들이 공산 세력에 흡수되지 않도록 만들기 위함이었다. 미국은 이 나라들이 언젠가는 공산 세력의 팽창을 막는 보루 역할을 감당하길 원했다.

냉전 시대는 게임으로도 이해할 수 있다. 게임 플레이어는 미국과 소련, 나머지 나라들은 모두 미국과 소련의 말이다. 미국과 소련이 생각한 가장 중요한 대결 무대는 유럽이다. 그리하여 두 나라는 유럽에 어마어마한 돈을 쏟아붓는다. 다음으로 중요한 무대는 동아시아다. 그런데 미국이 보유한 동아시아의 말들은 여러 문제가 있었다. 일본은 얼마 전까지만 하더라도 플레이어인 자신에게 대들었던 말이었고, 대만은 되살아날 가망이 없는 말이었으며, 남한은 얼마 전 소련과의 대결에서 간신히 살려낸 말이었다. 미국은 동아시아 전략을 새롭게 짠다. 우선 일본을 크게 키워 동아시아의 대장 말로 삼는다. 그리고 대만은 보류한다. 한국전쟁 이후 소련과 중국의 관계가 나빠지고 있었다. 미국은 중국을 이용하여 소련을 견제하려 했는데, 이런 상황에서 대만을 키웠다간 되레 중국을 자극할 수도 있다고 판단했다. 마지막으로 남한은 빠르게 성장시킨다. 남한은 혹시 모를 소련의 공격을 흡수하는 역할이었다.

그런데 미국의 계획에 차질이 생긴다. 1978년 10월 미 하원이 작성한 한미관계 조사 보고서에는 이승만의 주된 관심사는 미국의 원조를 최대한 많이 받아내는 것이며 이를 위해 남한의 빈곤을 과장하고 있다는 내용이 있다. 이 보고서는 철저히 미국의 시각에서 작성한 것이므로 보고서의 내용을 무조건 신뢰할 수는 없다. 하지만 당시 미국이 남한을 어떻게 바라봤는지는 정확히 알 수 있다. 즉 미국은 이승만 정권이 자국 경제를 발전시키려는 의지가 없다고 판단했다. 이후 이승만은 4·19혁명으로 물러나고 윤보선을 대통령으로 한 장면 내각이 들어선다. 그런데 얼마 후 박정희가 쿠데타를 일으킨다. 미국은 남한의 정치 변화를 우려하지만 적극적으로 개입하지는 않는다. 미국에게 가장 중요한 것은 공산 세력의 팽창 억제. 미국은 자신들의 계획을 충실이 이행할 사람이라면 누가 남한의 대통령이 되든 간에 신경쓰지 않았다. 미국은 박정희에게 남한의 경제 발전과 민주주의 이식을 위한 구체적인 권고안을 제시한다. 그리고 자신들의 요구사항을 이행할 경우에만 경제 지원과 군사 보조금 지원을 제공하겠다고 말한다. 박정희는 이 제안을 수용한다. 당시 미국이 제안했던 남한의 경제 개발 모델은 수출 주도형 경제 개발이었다.

부산항과 원도심의 발전

이후 남한은 빠른 속도로 발전한다. 그 중심에는 부산항이 있었다. 미국의 권고안에 따라 우리 정부는 기업들에게 수출용 물품 생산에 집중할 것을 지시한다. 기업들이 생산한 수출용 물품들은 기차와 트럭에 실려 부산항에 도착하고 이후 선박에 실려 세계 곳곳으로 수출된다. 부산항에는 날마다 선적을 기다리는 화물차들로 장사진을 이룬다. 하지만 화물차의 대기 줄은 좀처럼 줄지 않는다. 당시 부산항은 지금보다 작아서 남한의 모든 화물을 취급할 수 없었다. 그리하여 정부는 총 4단계에 걸친 개발을 통해 부산항을 확장한다. 현재의 부산항은 부산북항, 부산남항, 감천항, 다대포항, 그리고 부산신항을 통합하여 지칭하는 단어다. 부산북항은 1~8부두, 우암부두, 자성대부두, 신선대부두, 감만부두, 신감만부두가 있다. 이 중에

증산에서 바라본 부산북항

서 일본이 설치한 부두는 1~4부두다. 부산남항은 영도의 남쪽에 있으며 자갈치시장 또는 수리 업체를 출입하는 선박들이 주로 이용한다. 부산남항의 바깥쪽 바다, 즉 부산남항의 외항은 선박들의 주차장인 묘박지(錨泊地)로도 사용한다. 감천항은 송도와 다대포 사이에 있는 부산북항의 보조 항구다. 다대포항은 본래의 계획대로 개발하지 못한 탓에 어업 관련 선박들 정도만 출입하는 작은 항구다. 현재 다대포 해수욕장에는 다대포 매립 백지화 기념비가 설치되어 있다. 그런데 부산항, 구체적으로 부산북항은 치명적인 결함이 있다. 바로 수심이 얕다는 것이다. 과거에는 이 정도 수심으로도 선박이 오가기에 충분했다. 하지만 현대에는 그렇지 않다. 현대에는 선박의 적재량이 점점 많아지고 있기 때문이다. 무거운 짐을 실으면 배는 당연히 물속 깊게 가라앉는다. 그러므로 수심이 얕은 부산북항에는 대형 선박이 출입할 수 없었다. 그런데도 부산항의 물동량은 꾸준히 증가한다. 부산시는 부산항이 곧 포화상태에 이를 것을 예상하여 부산신항 부지를 물색한다. 그리고 1997년 부산시 강서구와 경남 창원시 진해구 일원에 부산신항 건설을 시작한다. 그런데 부산신항은 사실상 경상남도 창원시 진해구에 있다. 엄밀하게 따지자면 '부산'에 없는 부산신항인 셈이다. 이는 부산과 경남이 상생을 위해 한 발씩 양보하여 얻은 결과물인데, 부산은 경남에 신항 부지를 양보했고 경남은 부산에 항구 이름을 양보했다. 이로써 부산항은 국내 최대 무역항인 것은 당연하고 세계 5, 6위를 오가는 초대형 항구로 거듭난다. 부산신항은 아직 완공되지 않았지만 이미 부산북항의 대부분 기능을 이전받아 운용하고 있다. 그렇다고 해서 부산북항이 항구의 기능을 잃은 것은 아니다. 일부 해운 회사들은 여전히 가격 경쟁력에서 앞서는 부산북항을 선호한다.

여기서 잠깐 부산의 도심을 살펴보자. 현재 부산에는 세 종류의 도심이 있다. 지금 이 도시의 중심 역할을 담당하는 현 도심, 일제강점기부터 산업화 때까지 도심 역할을 담당했던 원(原)도심 혹은 구(舊)도심, 그리고 일제강점기 이전까지 도심 역할을 담당했던 고(古)도심이다. 고도심은 조선 동래부 읍내면이었던 지금의 동래구, 구체적으로는 동래읍성 내부였던 지금의 동래시장 일대를 뜻한다. 원도심은 조선 동래부에서 분리 독립했던 부산부, 즉 현재의 부산 중구, 동구, 서구, 영도구를 뜻한다. 그리고 현 도심은 그 기능이 여러 행정구역에 퍼져 있어서 한 지역을 콕 찝어 말하기 어렵다. 현 도심은 산업화 이후부터 그 역할을 이어받았다. 그렇다면 산업화 이전까지는 지금의 원도심이 현 도심이었고 지금의 고도심이 구도심이었다는 사실을 알 수 있다.

부산항의 성장은 지역 발전으로 이어진다. 특히 부산항을 끼고 있던 원도심(당시의 도심)은 엄청난 특수를 누린다. 1980년대만 하더라도 우리나라에서 부자가 가장 많이 사는 곳은 부산 원도심이었다. 원도심의 부자들 중에서 가장 큰 부자는 부산남항 일대에 자리 잡은 선박 수리 업체 사장들이었다고 한다. 지역 경제가 발전하자 피난민들도 혜택을 받는다. 맨몸으로 피난 온 사람들은 몸 쓰는 일 말고는 달리 일자리가 없었다. 큰돈을 모으기 힘들었다는 뜻이다. 그런데 지역 경제가 발전하자 선박 관련 업체가 생겨나고, 더 많은 인부가 고용되고, 식당이 늘어나고, 시장이 활성화된다. 쉽게 말해서 이 지역에 돈이 돌기 시작한 것이다. 돈을 번 피난민들은 지긋지긋한 판자촌을 탈출한다. 원도심에는 끊임없이 재개발이 이뤄진다. 이로써 일제강점기에 가정용으로 지어졌던 원도심의 적산가옥들은 대거 사라진다.

이 시절 생겨난 일자리 중에서 눈여겨 볼 직업이 있다. 일명 깡깡이 아지매다. 선박은 장기간 바다를 돌아다닌 후에 반드시 수리를 받아야 한다. 배 표면은 녹슬고 조개 따위도 달라붙기 때문이다. 이를 방치하면 문제가 생긴다. 녹을 빨리 제거하지 않으면 배 안쪽까지 썩어 버리고 조개를 제거하지 않으면 배가 상상 이상으로 무거워져서 연료 소비가 늘어난다. 수리 방법은 간단하다. 녹과 조개를 제거하면 된다. 특별한 기술이 필요 없는 이 일은 여성 인부들에게 할당된다. 여성 인부들은 집채보다 큰 선박에 올라가 안전장치도 없이 아슬아슬한 줄을 타고 선박 옆을 내려온다. 그리고 망치로 배 표면

깡깡이마을을 상징하는 어머니 벽화

을 깡깡 내리치며 녹과 조개를 제거한다. 그래서 이들을 깡깡이 아지매라고 부른다. 아지매는 아줌마의 지역 사투리다. 요즘 깡깡이 아지매들은 그라인더를 사용하여 녹을 제거한다. 하지만 과거에는 그라인더가 없어서 망치질만 했다고 한다. 부산남항이자 영도의 섬 어귀에는 조선소 마을인 깡깡이마을이 있다. 전국의 모든 선박은 이곳까지 와서 수리를 받는다. 배 표면에 그라인더질까지 해주는 곳은

현대 박물관이 나아갈 방향을 제시한 깡깡이마을 박물관

여기 밖에 없기 때문이다. 그만큼 깡깡이질이 고되다는 방증이기도 하다. 깡깡이마을의 중심에는 깡깡이마을박물관이 있다. 깡깡이마을박물관은 마을 공동체 공간 겸 동네 박물관이다. 이 박물관을 동네 박물관이라고 얕봤다간 큰코다친다. 나는 지금껏 이토록 친숙하고도 훌륭한 박물관을 본 적 없다. 구(區)도 아닌 동(洞)의 역사를 소개한다는 점에서 깡깡이마을박물관은 특별하다. 생각해 보자. 우리가 밟는 모든 땅은 고유한 역사를 품고 있다. 바다를 메우거나 산을 깎아 만든 땅도 마찬가지다. 바다를 메우고 산을 깎았다는 것 자체가 역사다. 땅의 역사는 주로 마을 이름에 그 흔적을 남긴다. 가령 소금을 보관하던 창고가 있던 염창(鹽倉)마을, 험난한 고갯길의 중간 휴식지이자 시원한 우물물을 마실 수 있던 냉정(冷井)마을, 산골짜기 아래로 커다란 연못이 여러 개 있던 못골마을 또는 대연(大淵)마을, 갯가와 맞닿은 논밭이 있던 밭개마을 또는 전포(田浦)마을처럼 말이다. 깡깡이마을만 특출난 역사를 가진 게 아니다. 깡깡이마을만 자신들의 역사를 알릴 특별한 공간을 마련한 것이다. 그렇다면 전국의 모든 동네마다, 예를 들어 주민센터(동사무소), 버스 승차장, 지하철역, 기차역 등에 각 동네의 역사를 알릴 공간을 마련하면 어떨까. 지역 학생들에게는 교육이 되고, 지역 노인들에게는 자부심이 되며, 지역을 방문하는 여행객들에게는 흥미가 되는 일거양득 아닐까. 우리는 우리가 밟는 땅에 대해 좀 더 자세히 알 필요가 있다.

서면의 발전

대한민국 수출 1번지 부산에는 수많은 기업이 생긴다. 이 시기의 기업들은 말이 좋아 기업이지 대부분 작은 공장에 불과했다. 여하튼 기업들은 부산항과 맞닿은 원도심에 공장을 세우길 원했다. 하지만 원도심의 임대료는 이미 하늘을 찌르고 있었다. 그리하여 기업들은 부산항 주위를 탐색하여 적당한 부지를 발견한다. 바로 서면이다. 잠시 서면을 살펴보자. 서면은 조선 후기 동래부의 두 축이었던 읍내면과 부산면의 중간 지역이었다. 조선 시대에는 서면을 개발할 필요가 없었다. 이곳 말고도 논밭은 많았기 때문이다. 하지만 강화도조약 이후 초량왜관이 일본의 전관거류지로 변모하면서 서면의 입지도 조금씩 변화가 생긴다. 일본은 동래의 자부심이었던 동래읍성과 동래부 동헌을 대부분 철거한 후 신도심 부산과 구도심 동래를 연결하는 도로를 깐다. 두 곳을 잇는 전철도 설치한다. 그리하여 부산과 동래의 길목인 서면은 교통 요충지로 변모한다. 서면에 설치한 교통 인프라는 한국전쟁 이후에도 고스란히 남아 있었다. 더군다나 이 모든 교통편의 끝은 부산항이었으니 수출 기업에게는 금상첨화가 따로 없었던 것이다. 이렇게 서면은 공장 지대로 변모한다. 현재 서면의 필지는 자로 잰 듯 반듯한데, 난개발된 부산에서는 쉽게 볼 수 없는 광경이다. 이것이 서면에 남은 공장 지대의 흔적이

다. 당시 서면에 들어선 기업들 중에는 현재 세계적인 그룹으로 성장한 삼성과 LG의 모태 그룹인 제일제당과 락희화학도 있었다. 시간이 흘러 부산은 빠르게 도시화된다. 도시 곳곳에는 도로와 도시철도가 생긴다. 현재 부산시의 정중앙인 서면은 진정한 교통 요충지로 변모한다. 교통이 편리해지자 임대료가 올라간다. 공장들은 임대료

넓은 평지와 반듯한 건물 필지가 인상적인 서면의 밤거리

가 싼 곳을 찾아 하나둘씩 서면을 떠난다. 반듯한 필지만 남은 서면에는 관공서, 은행, 극장, 쇼핑 시설 등이 들어선다. 젊은 층의 발걸음은 점차 원도심이 아닌 서면으로 향한다. 그리하여 서면은 마침내 부산의 도심으로 성장한다. 현재 서면은 금융, 상업, 의료, 교육 기관이 밀집한 부산의 최대 도심이다.

한편 서면은 행정구역상 부산진구에 위치한다. 부산진구는 부산진과 부산진성에서 유래한 이름이다. 하지만 부산진성의 위치로 추정하는 자성대공원과 증산, 그리고 도시철도 부산진역, 부산진시장, 부산진남문시장은 모두 부산 동구에 있다. 부산진구에는 부산진성과 관련한 것이 하나도 없다. 이렇듯 부산의 행정구역 이름은 문제가 많다. 특히 방위, 즉 동서남북을 이름으로 사용한 행정구역들이 문제다. 방위는 반드시 중심 혹은 기준이 필요하다. 문제는 도시의 중심이 시대마다 바뀐다는 점이다. 지금 부산의 정식 행정구역 이름은 아니지만 서면은 조선 동래부의 중심이었던 읍내면의 왼편에 있었으므로 그 때는 합당한 이름이었다. 하지만 지금 서면은 도시의 정중앙에 있다. 반면 부산시 중구, 동구, 서구는 해방 이후 도시의 중심부였으므로 그 때는 합당한 이름이었다. 하지만 지금 이 행정구역들은 모두 도시의 왼편에 치우쳐 있다. 그리고 부산시 남구와 북구는 그 기준이 중구가 아닌 부산진구다. 혼란스럽기 그지없다. 최근 들어서 부산의 기초자치단체들은 새로운 변화를 시도하려 한다. 북구는 아예 구 명을 바꾸려 하고, 원도심으로 불리는 중구, 동구, 서구, 영도구는 통폐합을 꾀하고 있다. 하지만 원도심 통폐합 문제는 정치권과 연계되어 쉽사리 풀릴 것 같지 않다. 지역구가 줄어드는 것만큼 정치인이 예민하게 느낄 문제도 없다. 만약 원도심이 통폐합된다면 그 이름은 마땅히 부산이어야 한다. 부산이 쪼개져 생긴 것이니 부산으로 뭉쳐야 하는 것은 말할 나위 없다. 그리고 개인적으로는 부산이라는 이 도시의 이름도 바꿔야 한다고 생각한다. 부산은 이 도시의 일부분만을 지칭하는 이름이기 때문이다. 이에 관한 자세한 이야기는 추후에 하겠다.

동부산의 발전

최근에는 부산을 동과 서, 즉 동부산과 서부산으로 구분한다. 다만 동부산과 서부산은 모두 관용적으로 사용하는 단어다. 서면이 어디인지를 구체적으로 특정할 수 없듯이 동부산과 서부산의 경계도 구체적으로 특정할 수 없다. 하지만 기본 바탕은 과거와 동일하다. 동부산의 중심은 과거 동래읍성이 있던 동래, 서부산의 중심은 과거 초량왜관이 있던 원도심, 그 중간 지역은 서면이다.

산업화 이후 부산은 급속도로 발전한다. 하지만 주택, 교통, 전기, 상하수도 같은 도시 인프라는 도시의 성장 속도를 따라가지 못한다. 부산은 나라의 무궁한 발전을 위해 분골쇄신하며 일했지만 정작 제 가정은 돌보지 못한 것이다. 부산은 1990년 무렵에서야 도시 문제를 해결하기 위해 발 벗고 나선다. 우선 원도심에 집중된 인구를 분산시키기로 한다. 이로써 부산의 모든 평지에 아파트가 들어선다. 또한 1996년 해운대 신도시를 시작으로 북구의 화명 신도시, 강서구의 명

배산에서 바라본 동래 전경, 과거 거칠산국인들이 주거지로 삼은 곳이다.
사진 아래에 연산동 고분군이 보인다.

지 신도시, 기장군의 정관 신도시와 일광 신도시를 잇따라 개발한다. 그런데 이때부터 문제가 발생한다. 동부산은 서부산보다 평지가 많다. 그렇다 보니 도시 개발은 동부산에 집중될 수밖에 없고 자연스레 동부산이 서부산을 추월하기 시작한 것이다. 사실 일제강점기를 제외하면 이 도시의 중심은 언제나 동부산이었다. 앞으로도 그럴 가능성이 높다. 동부산은 이 도시에서 가장 넓은 평지를 보유하고 있기 때문이다. 동부산의 평지는 바로 동래구, 연제구, 수영구다. 영화 〈범죄와의 전쟁〉에서 배우 최민식은 "느그 서장 남천동 살제?"라는 유명한 대사를 한다. 이 영화의 시대 배경은 1990년인데, 당시는 아파트가 흔하지 않던 시절이다. 하지만 광안리 해수욕장과 맞닿은 남천동에는 진즉부터 아파트가 있었다. 남천동은 흔히 말하는 부촌이었

기 때문이다. 배우 최민식과 밥도 같이 먹고 사우나도 같이 갔던 경찰서장은 정말로 부자였을 가능성이 높다. 그런데 남천동은 수영구에 속한 행정구역이며, 수영구는 거칠산국의 배산성과 신라의 동래고읍성이 있던 곳이다. 남천동과 동래고읍성의 거리는 불과 3km도 되지 않는다. 예나 지금이나 명당을 알아보는 눈은 똑같은 것 같다.

동부산의 평지가 발전하자 이곳에서 강 하나만 넘으면 나오는 해운대구도 발전한다. 사실 해운대는 지리적 이점을 가진 곳은 아니다. 도심과 거리도 멀고, 내륙과 오가는 길목에는 수영강이 흐르고, 쓸만한 평지는 장산에 에워싸여 있다. 이런 해운대가 일제강점기에 온천, 동해남부선을 통해 발전하기 시작했다. 하지만 어느 시점에 이르러 해운대의 발전 속도는 정체한다. 지리적 한계에 부닥친

달맞이고개에서 바라본 해운대해수욕장 전경. 동백섬 너머로 광안대교가 보인다.

수영강과 센텀시티, 가로로 길게 누운 건물은 영화의 전당, 뒤로 보이는 산은 장산이다.

것이다. 이때 해운대의 모든 단점을 상쇄하는 거대한 평지가 등장했으니 바로 센텀시티 부지다. 센텀시티(Centum City)는 100을 뜻하는 라틴어 Centum과 도시를 뜻하는 영어 City의 합성어로 100% 완벽한 최첨단 미래 도시를 뜻한다고 한다. 나는 센텀시티라는 이름에 불만이 많지만 이 문제는 잠시 후에 언급하겠다. 센텀시티 부지는 본래 수영강과 수영강의 지류인 온천천에서 흘러나온 흙모래가 쌓여 생긴 비옥한 평지였다. 1940년 일본은 이곳에 일본 군용 비행장을 만든다. 해방 후 이 비행장은 이곳 지명을 본떠 수영비행장으로 개명하고 민간인 수송을 시작한다. 수영(水營)은 앞서 언급했듯이 수군절도사영의 줄임말이다. 한국전쟁 발발 후 수영비행장은 임시 국제 공항으로 지정되어 유엔군 병력과 물자 수송을 담당한다. 1958년에는 부산수영비행장으로 개명하고 1963년에는 국제공항으로 승격한다. 하지만 부산수영비행장은 곧 포화 상태에 이른다. 국제공항치고는 규모가 작았기 때문이다. 결국 1976년 국제공항의 기능은 새로 생긴 김해공항으로 이전한다. 이후 수영비행장은 군용 비행장과 컨테이너 야적장으로 활용된다. 그리고 1996년 부산시가 이 황금 같은 부지를 매입한다. 부산시는 수영비행장 부지를 활용하여 도시의 산업 구조를 바꿀 계획을 세운다. 예나 지금이나 부산을 먹여 살리는 업종은 제조업이다. 과거에는 제조업이 차지하는 비중이 지금보다 더 컸었다. 그런데 1978년 중국이 개혁개방을 선언하면서 국내 제조업체들은 사양길을 걷는다. 이에 위기의식을 느낀 부산시는 수영비행장 부지에 첨단 지식 산업 단지를 조성하여 도시의 산업 구조를 대대적으로 개혁하려 한다. 현재 센텀시티의 위상은 드높다. 센텀시티의 대부분은 스마트 기업들이다. 하지만 관광의 측면에서 볼 때 센텀시티를 대표하는 건물은 2005년 APEC 정상회의와 국제게임박람회 등 수많은 행사를 개최한 벡스코(BEXCO), APEC 정상회의를 기념하기 위해 조성한 APEC 나루공원, 부산의 문화 인프라를 상징하는 부산시립미술관, 부산국제영화제의 주 무대인 영화의 전당, 한때 세계에서 가장 넓은 백화점으로 기네스북에 등재됐던 센텀 신세계백화점 등이다. 그런데 여기까지가 센텀1지구다. 센텀2지구는 센텀1지구보다 더 넓은 부지에 조성할 예정이며 그 위치는 도시철도 4호선 반여농산물시장역과 석대역 일대다. 최근 들어서 센텀2지구 사업을 본격 추진한다는 기사가 나오고 있다. 센텀2지구까지 조성한다면 해운대구는 우리나라를 대표하는 첨단 지식 산업 단지로 발돋움할 것이다.

센텀시티의 등장 이후 안 그래도 인기가 많았던 해운대 해수욕장은 국내 최고 관광지로 발돋움한다. 그리고 해운대 해수욕장의 열기는 이웃한 해수욕장으로 번진다. 해운대 해수욕장의 남쪽에 있는 광안리 해수욕장은 현재 해운대를 버금갈 정도로 인기가 많다. 광안리 해수욕장이 전국에 알려진 계기는 2003년 완공한 광안대교와 2005년부터 시작한 광안리 불꽃 축제다. 현재 광안대교는 부산을 상징하는 가장 유명한 건축물로 알려져 있다. 또한 해운대 해수욕장의 북쪽에 있는 송정 해수욕장도 발전한다. 사실 부산은 몇 차례에 걸친 행정 구역 개편으로 큼지막한 땅을 편입 받았다. 1989년 편입된 강서구와 1995년 편입된 기장군이 대표적이다. 강서구는 김해의 일부 지역과 부산 북구의 일부 지역이 합친 것이며 기장군은 일제강점기에 동래가 잃어버린 땅을 되찾은 것이다. 최근에는 부산,

광안리해수욕장과 광안대교

외국인들이 좋아하는 관광 명소인 해동용궁사

울산, 경남을 하나의 광역권으로 보는데, 부산 강서구는 경남에서 가장 큰 도시인 창원시와 지척이고 부산 기장군은 광역 단체인 울산시와 지척이다. 따라서 강서구와 기장군의 발전가능성은 무궁무진하다. 그런데 송정은 앞으로 발전할 기장과 이미 발전한 해운대 사이에 끼어 있다. 송정의 발전 가능성 또한 무궁무진한 것이다. 현재 송정 해수욕장과 맞닿은 기장 지역에는 오시리아 테마파크를 조성하고 있다. 오시리아 테마파크에는 이미 롯데프리미엄아울렛과 대형 가구점 이케아가 들어섰으며 조만간 서울 잠실 롯데월드의 3배 규모인 롯데월드 어드벤처 부산과 국내 최대 규모의 아쿠아월드가 들어설 예정이다. 여기까지 들어서면 오시리아 테마파크의 절반이 완성된다. 오시리아 테마파크 부지가 얼마나 넓은 지 짐작할 수 있을 것이다. 하지만 이게 다가 아니다. 오시리아 테마파크의 진정한 강점은 송정 해수욕장에서부터 연결된 해안가다. 이곳 해안가는 수려한 해안 절경으로 유명한데, 외국인 관광객들이 가장 좋아하는 관광지인 해동용궁사와 초호화 숙박 시설인 아난티코브는 이곳에 들어서 있다. 오시리아 테마파크는 향후 10년 안에 부산을 넘어 우리나라 최대 관광지가 될 가능성이 높다.

그렇기 때문에 안타까운 마음도 크다. 내가 생각하는 오시리아 테마파크의 단점은 이름이다. 나는 예전에 부산 여행 가이드북을 만들려 했다. 비록 코로나19로 무산되기는 했지만 당시에 취재했던 정보들은 이 글을 쓰는 데 엄청난 도움이 됐다. 당시 취재했던 내용 중에는 오시리아도 있다. 오시리아 테마파크는 본래 동부산 관광단지라는 임시 명칭으로 불렸다. 이후 부산도시공사는 이곳의 명칭 공모를 실시했다. 나는 이 공모의 결과를 찾아보기 위해 부산도시공사의 홈페이지를 뒤졌지만 아무리 찾아봐도 '오시리아'라는 이름은 없었다. 이를 부산도시공사에 문의해 보니 명칭 공모는 동부산관광단지를 홍보하기 위해 실시했으며 공모 결과와는 상관없이 국가 용역업체에서 제시한 '오시리아'를 최종 선정했다고 답했다. 오시리아는 합성어다. 오시리아의 '오시'는 이 지역의 명소인 오랑대(五郞臺)와 시랑대(侍郞臺)의 첫 글자고, '리아'는 러시아(Russia), 콜롬비아(Columbia), 시베리아(Siberia) 처럼 지역을 뜻하는 라틴어 접미사 '-ia'다. 오시리아(五侍ria)를 굳이 해석한다면 오랑대와 시랑대가 있는 땅 정도가 되겠다. 하지만 이런 해석은 무의미하다. 동부산 관광단지의 명칭 공모 계획안을 살펴보면 부산도시공사는 애초에 대중적이고 국제적인 이름, 즉 외국인이 친근하게 받아들일 수 있는 이름을 원했다는 사실을 알 수 있다. 이 단지가 국제적인 관광 단지로 거듭나길 바라는 마음을 이해 못 하는 건 아니다. 하지만 이런 작명은 외국인을 향한 과도하고도 불필요한 친절에 불과하다. 한 지역의 번성은 그곳의 이름이 아닌 그곳의 매력에 달려 있다. 외국인이 친근하게 느끼는 이름을 가져야만 번성할 수 있다면 로스엔젤레스, 샌프란시스코, 암스테르담, 부다페스트, 블라디보스토크, 슈투트가르트, 프랑크푸르트, 쿠알라룸푸르는 어떻게 설명할 수 있을지 모르겠다. 센텀시티도 마찬가지다. 나는 우리 관광지나 지역 이름을 외국어로 짓는 행태를 도무지 이해할 수 없다. 우리 말과 글은 곧 우리 자주성이다. 따라서 우리 것을 우리 말과 글로 이름 짓는 일은 우리 자주성을 드러내는 지극히 당연한 일이다. 그런데 현대 사회는 외국어 사대주의가 만연하다.

세계에서 가장 큰 노래방이라 불리는 사직야구장

우리 말과 글은 평범하고 외국 말과 글은 멋있다고 생각하는 사람들이 허다하다. 말과 글에는 우월과 열등이 없다. 우리 말과 글이 결코 외국 말과 글보다 낫지 않지만 반대로 우리 말과 글이 결코 외국 말과 글보다 못하지도 않다. 따라서 우리 말과 글을 자랑스럽게 여기는 마음은 그야말로 최소한의 자부심이다. 757년 이후 신라를 방문한 당(唐)인들은 무슨 생각을 했을까. 신라의 지명이 자신들의 지명과 똑같다는 걸 알고는 신라가 자신들의 속국이라고 생각하지 않았을까. 그렇다면 센텀시티와 오시리아를 방문할 영어권 국가의 사람들은 과연 무슨 생각을 할까. 물론 센텀시티나 오시리아는 영어권 사람들도 알아듣지 못하는 괴상한 합성어이지만, 얼굴이 화끈거리기는 매한가지다. 우리는 신라 경덕왕의 전철을 답습해선 안 된다.

동부산의 발전에서 마지막으로 언급할 곳은 사직야구장이다. 1982년 프로야구가 개막하고 부산에는 롯데 자이언츠라는 팀이 생긴다. 당시 자이언츠의 홈경기장은 원도심에 있는 구덕야구장이었다. 이후 부산에 새로운 종합경기장을 건설하자는 움직임이 일어난다. 그리하여 부산 동래구 사직동에는 야구, 축구, 농구, 수영 경기장 등을 집결한 부산종합운동장을 설치한다. 스포츠 경기장 역시 원도심에서 동부산으로 이전한 것이다. 사직야구장은 1985년부터 자이언츠의 홈경기장으로 사용된다. 부산의 야구 사랑은 유별나다. 부산 야구팬들은 이겨도 화끈하게 이기고 져도 화끈하게 지는 걸 좋아한다. 선수들이 설렁설렁 움직이는 건 정말 싫어한다. 지더라도 악바리 같은 근성을 보여주길 바란다. 이에 대한 대접은 확실하다. 끈기있게 활약한 선수들은 경기의 승패와는 상관없이 전쟁 영웅의 대접을 받는다. 그렇다면 사직야구장의 분위기는 굳이 설명하지 않아도 알 수 있을 것이다. 사직야구장을 가득 메운 25,000명의 야구팬들은 언제나 한목소리로 노래 부르는데, 과연 세계에서 가장 큰 노래방이라고 불릴 만하다. 자이언츠가 승리하는 날이면 주변 상권은 로또를 맞는다. 흔히 말하는 2차 장소가 되기 때문이다. 사직야구장이 이 일대의 상권을 책임진다는 말은 헛소리가 아니다. 하지만 최근에는 자이언츠의 성적이 좋지 않아서 이곳 상권들이 울상을 짓고 있다. 한편 부산 동래구 사직동(社稷洞)은 조선 동래부의 사직단이 있었던 곳이다. 왕의 나라였던 조선은 하늘에 제사 지낼 수 없었다. 이는 오로지 황제만이 할 수 있는 일이었다. 그리하여 조선은 하늘의 신 대신 토지의 신(社: 사)과 곡식의 신(稷: 직)께 제사 드렸다. 동래부에서 토지의 신과 곡식의 신께 제사 지내던 곳이 바로 이곳 사직동이다. 이곳에서는 예나 지금이나 무언가를 간절히 바라게 되는 것 같다.

서부산의 재도약

도시의 균형이 급격하게 동쪽으로 치우치자 부산시는 서둘러 서부산 발전을 도모한다. 하지만 문제는 역시나 평지였다. 지리적 단점은 어쩔 도리가 없다. 산을 깎고 바다를 메워 평지를 만드는 일도 한계가 있기 때문이다. 서부산에서 남은 평지라고는 낙동강 서쪽의 강서구가 유일하다. 그런데 강서구의 발전 속도가 심상치 않다. 앞서 부산에서 가장 큰 평지는 동래구, 연제구, 수영구라고 했지만 실은 강서구의 평지가 더 넓다. 다만 이 평지의 대부분은 김해평야라서 개발이 제한되어 있다. 그런데도 강서구는 급속도로 발전 중이다. 강서구는 대단한 지리적 이점을 가지고 있기 때문이다. 우선 강서구에는 김해국제공항이 있다. 김해공항은 완공 당시의 주소를 딴 이름이며 현재는 부산 강서구에 소재한다. 그런데 2002년 김해공항에서 중국 여객기가 인근 산과 충돌하여 승객 129명이 사망하는 초대형 사고가 발생했다. 사실 김해공항은 본래 군사 공항이었다. 이 때문에 김해공항 주변에는 이착륙에 방해가 되는 산들이 여럿 있다. 이 사건 이후 김해공항의 위험성이 수면 위로 떠올랐고, 여기에 한반도 동남권에도 24시간 공항이 필요하다는 주장이 강력히 제기됐다. 하지만 이 문제 역시 정치권과 연계되면서 상황이 꼬였다. 심지어 동남권 공항을 어디에 설치하냐를 두고 경남과 경북이 대결하는 양상으로까지 번졌다. 부산, 울산, 경남은 가덕도를, 대구와 경북은 밀양을 주장했다. 그러다 최근 가덕도신공항 특별법이 국회를 통과하면서 가덕도에 공항을 설치하기로 확정했다. 그런데 가덕도는 부산 강서구에 있는 섬이다. 강서구로서는 김해공항을 확장해도 좋고 가덕도에 신공항을 건설해도 좋은 것이다. 게다가 가덕도의 왼편에는 부산신항도 있다. 과거 부산북항과 맞닿은 원도심이 큰 수혜를 입었듯이 강서구도 부산신항의 수혜를 톡톡히 입을 것이다. 또한 강서구에는 명지 신도시를 건설했었는데, 이 때문에 이미 많은 인구가 유입됐다. 인구가 늘어나면 인프라는 자연스레 확장한다. 강서구와 사하구의 중간에 있는 을숙도에는 부산현대미술관이 있으며 조만간 국회도서관과 부산지방법원 서부지원도 강서구에 설치할 예정이다.

그런데 서부산에 강서구 말고도 넓은 평지가 하나 더 생겼다. 바

부산 북구에서 바라본 강서구, 중간에 흐르는 강은 낙동강

로 부산북항 부지다. 앞서 언급했듯이 부산북항은 이미 대부분 기능을 부산신항에 이전했다. 부산북항에도 여전히 선박들이 출입하고 있지만 이 선박들은 작은 화물선과 크루즈선 정도에 불과하다. 부산시는 부산북항 부지를 어떻게 개발할지를 두고 고심에 고심을 거듭하고 있다. 언론 보도에 따르면 부산북항 부지는 친환경 해양 스마트시티로 개발할 예정이며 오페라하우스, 랜드마크 건물, 트램 등도 설치할 예정이라고 한다. 또한 최근 정부는 부산북항과 인접한 동구 좌천역 인근의 쪽방촌에 도시재생 방안을 발표했다. 정부 차원에서 도시재생사업을 벌이는 건 영등포 쪽방촌과 대전역 쪽방촌에 이어 3번째다. 10년 정도 뒤면 부산의 동서 균형은 어느 정도 맞춰질 것으로 기대한다.

신선대에서 바라본 부산북항의 야경, 여객선 뒤로 용두산공원의 부산타워가 보인다.

이 도시의 미래

산이 많고 평지가 적은 부산.
부산항과 영도를 비롯한 황령산 남쪽의 해안 지역은 상당 부분 바다를 매축하여 만들었다.

부산이 맞닥뜨린 문제

지금부터는 부산이 마주한 문제점과 해결 방안, 그리고 이 도시의 올바른 발전 방향을 이야기하려 한다. 그 전에 한 가지 사실을 고백하자면 나는 정치, 경제, 문화, 사회에 관한 큰 지식이 없다. 따라서 내 이야기를 무작정 정답으로 받아들이지 말고 단순한 의견 공유 정도로만 받아들이길 바란다.

부산은 한국전쟁 때 값싸고 질 높은 노동력을 대거 확보했다. 그리고 이 노동력을 십분 활용하여 산업화 시대에 꽃을 피웠다. 하지만 지금 부산은 급격한 고령화와 인구 유출 가속이라는 심각한 위기 상황에 직면해 있다. 한국전쟁 이후 줄곧 승승장구하던 부산이 맞닥뜨린 첫 번째 시련이다. 부산의 문제, 즉 급격한 고령화와 인구 유출 가속은 산업 구조 혁신에 실패한 결과로 해석할 수 있다. 사실 지금 부산에는 젊은 층이 원하는 일자리가 없다. 좀 더 풀어서 얘기하자면, 민주화 이후 교육받은 세대는 반복적인 육체노동이 필요한 제조업체에 취직하길 원치 않는다. 대신 그들이 학교에서 배우고 쌓아 온 지식을 활용할 수 있는 지식 기반 산업 업체, 즉 고부가 가치 산업 업체에 취직하길 원한다. 하지만 부산에는 여전히 제조업체가 대부분이며 고부가 가치 산업 업체는 희귀하다. 그래서 부산의 많은 청년이 일자리를 찾아 도시를 탈출한다. 청년들이 떠나자 신생아 수는 감소한다. 부산에 남은 사람들은 계속해서 나이를 먹는다. 이렇게 고령화와 인구 유출이 함께 나타나고 있다.

그런데 이런 문제는 전 세계 대부분의 현대 도시가 겪는 일반적인 현상이다. 대부분의 사회는 농사를 짓던 땅에 공장을 세우길 원한다. 농사를 짓는 것보다 공장을 세워 기계를 돌리는 것이 더 많은 수익을 가져다주기 때문이다. 그렇다면 한 가지 의문이 생긴다. 왜 일부 도시나 국가만이 고부가 가치 산업을 육성할까. 쉽게 말해서 양말을 만드는 것보다는 자동차를 만들어 파는 게 훨씬 더 큰 이익을 가져다줄 건데, 왜 모든 도시와 국가가 양말 공장 대신 자동차 공장을 세우려 하지 않을까. 정답은 능력이 부족하거나 필요성을 못 느끼기 때문이다. 능력이 부족하다는 말은 쉽게 이해할 수 있을 것이다. 양말을 만드는 데는 실을 만들고 짜는 정도의 기술만 필요하다. 반면 자동차를 만드는 데는 그보다 훨씬 더 많은 기술이 필요하다. 이를 위해 큰돈을 들여 고급 인재도 육성해야 한다. 낙후한 도시와 국가는 그럴 여력이 없다. 그렇다면 필요성을 못 느낀다는 말은 무슨 뜻일까. 이와 관련한 유명한 일화가 있다. 한 자동차 회사의 대표가 있었다. 그는 이제껏 자국의 어떤 경쟁 회사도 만들지 못한 최고급 자동차를 만들겠다는 커다란 꿈을 가졌다. 그래서 자사 기술자들을 한대 모아 놓고선 지금껏 우리 회사 자동차들의 문제점을 지적해보라고 했다. 그런데 기술자들은 하나같이 부족한 게 없다, 이 정도면 충분하다는 식의 대답만 했다. 그러자 대표는 그날 당장 기술자들을 세계 각지로 여행 보내고, 각 도시의 최고급 호텔에 묵게 하고, 최고급 자동차에 태워 유명 관광지를 둘러보게 했다. 얼마 후 기술자들은 귀국하여 회사에 출근했다. 대표는 다시 한번 기술자들에게 자사 자동차의 문제점을 지적해보라고 말했다. 그러자 기술자들은 자사 자동차의 문제점을 지적하기 시작했는데, 얼마나 신랄하게 지적했으면 대표의 얼굴이 화끈거릴 정도였다고 한다. 이후 이 회사는 이제껏 자국에서 보지 못했던 최고급 자동차를 만들었다.

부산이 고부가 가치 산업을 육성할 능력이 없다고는 생각하지 않는다. 대한민국 제2의 도시가 그럴 능력이 없다는 말은 어불성설이다. 그렇다면 문제는 당위성에 있을 수 있다. 쉽게 말해서 부산 시민들은 제조업 중심으로 돌아가는 현재의 산업 구조를 굳이 고부가 가치 산업 구조로 전환해야 하는 까닭을 모르거나 공감하지 않을 수 있다는 것이다. 정책이 동력을 얻기 위해서는 시민들의 동의가 필수다. 그러나 돌이켜보면 부산의 행정가나 정치인들은 도시의 산업 구조를 혁신해야 한다는 말만 했지 왜 산업 구조를 혁신해야 하는지는 설명한 적 없는 것 같다. 혹 있었더라도 시민들의 공감을 얻지 못한 듯하다. 혹자는 정책을 시행하는 데에 있어 시민들의 동의가 꼭 필요하지는 않다고 생각할 수 있다. 실제로 우리는 지자체나 정부가 시행하는 모든 정책을 알지 못한다. 하지만 산업 구조를 혁신하는 문제는 시민들의 삶과 매우 밀접하게 연관된 중요한 문제다. 시민들을 설득하는 과정 없이 무작정 산업 구조를 전환했다간 큰 문제가 발생할 수 있다. 그 대표적인 예가 바로 대한민국이다. 대한민국은 일명 후진국에서 선진국으로 성장한 세계에서 몇 안 되는 나라다. 이게 가능했던 까닭은 제때마다 산업 구조를 혁신했기 때문이며, 이는 독재 정권이 있었던 시절이었기 때문에 가능했다. 사실 산업 구조의 '혁신'이라는 단어의 이면에는 수많은 노동자의 정리 해고가 숨어 있다. 기업들은 독재 정권의 말 한마디에 더는 쓸모없어진 노동자들을 대거 해고했고 새로운 기업 구조에 걸맞은 노동자들을 새로 구했다. 노동자들이 마치 부품처럼 교체된 것이다. 그리하여 나라와 기업은 성장했지만 서민들의 삶은 나아지지 않았다. 이것이 우리나라가 겪는 빈부격차의 근본적인 이유다.

부산의 산업 구조를 고부가 가치 산업으로 전환하는 일은 분명 올바른 발전 방향이다. 하지만 시민들을 설득하는 과정 없이 무작정 법을 앞세워 밀어붙여선 안 된다. 만약 자동차 회사의 대표가 기술자들의 눈을 높이지 않은 채로 그냥 최고급 자동차를 만들라고 했었더라면 그 회사는 절대 최고급 자동차를 만들지 못했을 것이다. 만약 우리나라가 기업의 손해를 조금 감수하고서라도 노동자들을 품고 갔었더라면 우리나라는 이 정도로 심각한 빈부격차와 갈등을 겪지 않았을 것이다. 민주주의는 대화와 설득의 연속이다. 비록 최고의 결과를 최대한 빠르게 얻지는 못하지만 우리 인간은 아직 민주주의보다 더 자유롭고 평등한 제도를 찾지 못했다. 부산시는 좀 더 많은 시민이 도시의 산업 구조 전환 정책에 공감할 수 있도록 힘써야 한다. 그리하여 경제는 성장하고 빈부격차는 줄어드는 이상적인 도시로 발전해야 한다.

창의력이 부족한 도시

사실 고령화나 인구 유출은 개인이 직접 체감하기 어려운 문제다. 내가 부산 곳곳을 취재하며 느낀 문제는 따로 있었다. 바로 창의력 부족이다. 부산은 독창적인 문화를 생산하려 하지 않는다. 대신 서울의 것을 그저 모방하려고만 한다. 마치 서울에 종속된 도시 같다. 그런데 이는 비단 부산만의 문제는 아니다. 우리나라의 모든 도시는 서울의 뒤꽁무니만 쫓아간다. 이러한 대표적인 사례는 '-리단길' 이다. 서울 용산에는 작은 골목 상권인 경리단길이 있다. 경리단길은 이곳에 육군 중앙경리단이 있다 하여 유래한 이름이다. 그런데 경리단길이 일명 핫플레이스로 떠오르자 전국 곳곳에 경리단길을 모방한 '-리단길'이 생기기 시작했다. 부산에도 해운대의 해리단길, 전포동의 전리단길, 망미동의 망미단길, 초읍동의 초리단길, 범어사의 범리단길 등이 우후죽순 생겨났다. 모방의 취지는 이해한다. '-리단길'은 결국 장사가 잘되길 바라는 소상공인들의 간절한 마음에서 시작했을 것이다. 하지만 합당한 원리 원칙 없이 무차별적으로 모방하는 행위는 되레 역효과를 낸다. 그 중에서 가장 대표적인 역효과는 짝퉁 이미지다. 가령 해리단길은 아무리 유명해지더라도 경리단길을 넘지 못한다. 해운대의 경리단길로 평가 절하되기 때문이다. 따라서 상권 번영회나 기초자치단체 등은 눈앞의 작은 이익을 위해 종국의 가치를 떨어뜨리는 골목 상권의 모방 행위를 제지해야 한다. 그런데 엉뚱하게도 상권 번영회와 기초자치단체가 되레 '-리단길'을 홍보하고 있으니 황당하기 그지없다. 상식적으로 우리나라 최고 관광지 중 하나인 해운대가 다른 명소의 아류가 되길 자청하는 행태는 납득하기 어렵다. 부산에도 경리단길 같은 이야기는 널리고 널렸다. 경리단길을 비하하는 게 아니라 부산에도 경리단길만큼 좋은 이야기가 많다는 뜻이다. 몰라서 활용을 못 하는 건지 알면서도 활용을 안 하는 건지 알다가도 모를 일이다.

부산은 서울에 종속된 도시로 성장해선 안 된다. 부산과 서울은 애초에 다른 부류의 도시다. 부산은 한반도 동남쪽 끝에 위치해서 다른 지역과 왕래하기 어렵다. 또 산이 많고 평지가 적어서 도시 개발에도 불리하다. 반면 서울은 한반도 중앙에 위치해서 다른 지역과 왕래가 편하다. 또 쓸만한 평지가 많아서 도시 개발에도 유리하다. 부산과 서울은 애초에 출발선부터 다르다는 뜻이다. 솔직히 말해서 부산은 이만큼 성장한 것도 기적이다. 한국전쟁이라는 특수 상황이 없었더라면 부산은 그저 그런 해안 도시로 남았을 것이다. 그런데 거꾸로 생각해 보자. 부산은 열악한 지리 조건을 극복하고 대도시로 성장한 전례 없는 도시다. 부산 같은 도시는 세계 어디에서도 찾기 힘들다. 일반적인 상식을 가진 사람이라면 이런 열악한 환경에다 대도시를 건설하지 않기 때문이다. 그러나 한국전쟁 피난민들은 상식적이지 않았다. 상식적으로 살아선 생존할 수 없었다. 그리하여 모든 상식을 깨부쉈다. 피난민들이 지은 집, 피난민들이 낸 길, 피난민들이 만든 직업, 피난민들이 먹은 음식, 피난민들의 생활 양식까지. 부산의 모든 것은 비상식적으로 탄생했다. 이런 도시는 앞으로 한국전쟁 같은 특수 상황이 벌어지지 않는 한 생기지 않는다. 제2의 부산, 제3의 부산은 없다. 그렇다면 부산이 서울을 뒤쫓아야 할 이유는 무엇인가. 바다를 주름잡는 상어가 범을 흉내 낼 필요가 있을까. 괜히 서울을 따라 했다가 이도 저도 아닌 도시로 전락할까 염려된다. 물론 서울의 장점을 배척해선 안 된다. 서울은 명실상부 한반도의 최고 도시다. 따라서 부산은 서울의 장점은 받아들이되 부산만의 독창적인 문화를 살리는 방향으로 발전해야 한다. 부산에서만 할 수 있는 것, 부산에서만 먹을 수 있는 것, 부산에서만 누릴 수 있는 것들을 개발해야 한다. 그리고 이를 전국에 전파해야 한다. 물론 쉽지 않은 일이다. 하지만 부산은 반드시 해내야 한다. 민족의 피를 양분 삼아 성장했다면 이제라도 무거운 책임감을 갖고 새로운 길을 개척해야 한다. 대한민국에서 서울과 다른 부류의 도시로 성장할 수 있다는 사실을 증명해야 한다. 그리하여 부산은 서울처럼 발전할 수 없는 도시들의 새로운 목표가 돼야 한다.

부산이 본받아야 할 도시는 미국 LA다. LA는 미국에서 뉴욕 다음으로 많은 인구가 사는 도시다. 순위 매기기를 좋아한다면 뉴욕이 LA보다 좋은 도시라고 생각할 수 있다. 하지만 뉴욕이 LA보다 낫지 않고 LA가 뉴욕보다 낫지 않다. 두 도시는 그냥 다른 도시다. LA에 없는 것이 뉴욕에 있고 뉴욕에 없는 것이 LA에 있다. 두 도시를 굳이 한 줄에 세워 평가할 필요가 없는 것이다. 이처럼 부산은 서울과 다른 도시로 성장해야 한다.

세 종류의 도심을 살려라

부산하면 가장 먼저 떠오르는 것은 뭐니 뭐니 해도 바다다. 우리나라에서 부산보다 큰 도시는 서울이 유일한데, 서울은 바다가 없다. 따라서 바다는 부산을 서울과 다른 도시로 성장시킬 핵심 재료다. 그런데 삼면이 바다인 우리나라에서 바다를 자랑하기는 뭔가 찜

찜하다. 부산 말고도 해안 도시는 많다. 해운대와 광안리는 여전히 우리나라 최고의 해수욕장으로 언급되지만 최근 들어서 부산이 아닌 다른 지역의 바다를 즐기러 가는 사람들이 늘어나는 추세다. 그렇다면 부산은 이전처럼 바닷가만 홍보해선 안 된다. 자연적으로 생긴 관광지는 덤이라고 생각하고 대신 사람이 인공적으로 만든 사람의 역사를 적극 홍보해야 한다.

사람이 인공적으로 만든 것의 대표적인 예는 도심이다. 도심은 한 시대의 모든 것, 예를 들어 문화, 역사, 삶의 형태, 그 시대가 추구하는 가치 등을 함축한 공간이다. 앞에서도 언급했지만 부산은 조선 시대의 도심인 고도심, 일제강점기와 산업화 시대의 도심인 원도심, 현대의 도심인 현 도심이 있다. 세 종류의 도심을 모두 보유한 도시는 흔치 않다. 조선의 흔적이 남아있는 곳 하면 서울, 순천, 전주 등이 떠오르고 일제강점기의 흔적이 남아있는 곳 하면 서울, 인천, 목포 등이 떠오른다. 하지만 부산보다 화려한 현 도심을 보유한 곳은 서울 밖에 없다. 결국 세 종류의 도심을 모두 보유한 도시는 서울과 부산 밖에 없는 것이다. 이때 부산의 바다가 비로소 제 힘을 발휘한다. 바다를 끼고 성장한 부산의 도심들은 서울의 여느 도심과는 확연한 차이가 난다. 부산항과 맞닿은 부산 원도심이 그렇고 해운대 해수욕장과 광안리 해수욕장의 주변 도심들이 그렇다. 그림을 그릴 때에 빛을 좀 더 밝게 표현하기 위해서는 어둠을 좀 더 어둡게 표현해야 한다고 한다. 그렇다면 현 도심을 더욱 빛내기 위해서는 고도심을 더욱더 고도심답게, 원도심을 더욱더 원도심답게 발전시킬 필요가 있다. 그럴 수만 있다면 부산은 서울만큼 옛 흔적을 잘 보존하고 복원한 도시이면서도 동시에 아름다운 바다를 끼고 성장한 화려한 현 도심이 있는 한반도의 유일무이한 도시로 거듭날 수 있다.

부산 고도심은 조선 시대로 복원해야 한다. 복원 장소로 가장 이상적인 곳은 동래시장부터 명륜1번가까지 이어지는 상권이다. 동래시장은 두말할 나위 없는 고도심의 핵심이다. 동래시장 안에는 동래부 동헌과 송공단이 있고 멀지 않은 곳에는 복천동 고분군과 동래읍성 임진왜란 역사관이 있다. 이 중에서 동래부 동헌은 동래의 상징이다. 그런데 앞에서도 언급했듯이 현재 동래부 동헌은 과거보다 좁은 면적에 복원한 탓에 옛 위용을 뽐내지 못하고 있다. 부산시는 이 부분을 시급히 개선해야 한다. 명륜1번가는 도시철도 1호선과 4호선의 환승역인 동래역 앞에 형성한 상권이다. 명륜1번가는 2000년대부터 급속도로 성장한 상권인데, 이곳의 건물들은 높이가 낮고 골목들은 미로 같이 얽혀 있다. 이 때문에 명륜1번가는 화려한 최신식 번화가에 지친 사람들이 옛 추억을 상기하며 회귀하는 곳으로 알려진다. 명륜1번가는 동래시장과 약 300m 떨어져 있다. 그렇다면 두 상권을 하나로 합친 후에 하나의 거대한 한옥 마을 상권으로 만들면 어떨까. 마치 전주 한옥마을이나 서울 종로의 인사동처럼 말이다. 외진 골목의 한옥 식당에서 동래파전과 막걸리를 먹는 사람들의 모습이 눈에 선하지 않은가. 또한 두 상권을 감싸는 동래읍성도 상징적이나마 복원하면 좋을 것 같다. 도시철도 4호선 수안역 인근에는 동래읍성 남문 터가 있는데, 이곳 주변 건물들의 외벽을 성벽처럼 꾸미면 좋을 것 같다. 그리고 도시철도 동래역사는 동래읍성 서문으로 꾸밀 수 있을 것이다. 동래역과 실제 동래읍성 서문의 위치는 다르지만 동래읍성을 다시 한번 확장한다고 생각한다면 못할 것도 없다. 이게 바로 현대판 동래읍성 아닐까.

부산 원도심은 근대로 복원해야 한다. 사실 부산 원도심은 근대뿐만 아니라 한국전쟁과 산업화의 주 무대이기도 하다. 따라서 그 흔적들도 마땅히 복원해야 한다. 다만 한국전쟁의 흔적은 어느 정도 복원한 상태고 산업화 흔적은 지금도 고스란히 남아 있다. 따라서 근대의 흔적만 좀 더 복원하면 좋을 것이다. 복원 장소로 가장 이상적인 곳은 부산 중구의 광복로다. 앞에서도 언급했지만 광복로는 과거 전철이 지나다니던 길이었으며 주변 건물들의 필지는 모두 일제강점기에 구획했던 것들이다. 그렇다면 광복로 전체를 근대 거리로 만들면 어떨까. 마치 목포의 근대 역사 문화 거리나 인천의 개항장 문화 지구처럼 말이다. 과거에 그랬던 것처럼 광복로에 전철이 오가고 광복로 주변 건물들을 모두 서양식으로 꾸미면 좋을 것 같다. 또한 고도심과 원도심을 적절하게 복원하는 일은 이 도시의 역사를 직접 체험할 수 있는 장을 마련하는 일이기도 하다. 글로 읽는 것과 눈으로 보는 것은 차원이 다르다. 부산과 동래가 충돌했던 이 도시의 역사를 제대로 알리기에는 고도심과 원도심을 제대로 복원하는 일만큼 효과적인 방법도 없을 것이다.

부산 현 도심은 더욱더 화려해져야 한다. 특히 해수욕장 주변에 있는 도심들은 맡은 임무가 크다. 이 도심들은 단순히 화려해지는 것에만 몰두해서는 안 된다. 자연과 어우러지며 성장하도록 노력해야 한다. 부산의 현 도심은 바다와 어우러지며 성장할 때 더 큰 힘을 발휘한다는 사실을 명심해야 한다. 가령 부산의 최대 도심인 서면은 바다와 떨어져 있다. 이 때문에 관광객들은 서면을 선호하지 않는다. 서면은 수도권의 여느 도심과 다를 바 없기 때문이다. 반대의 이유로 관광객들은 해운대나 광안리 주변의 현 도심을 선호한다. 부산시는 이 부분을 더 살릴 필요가 있다. 또한 더 이상의 자연 훼손은 금물이다. 후손들에게 아름다운 자연을 물려주는 것은 우리 의무다. 후대의 과학 기술은 지금과는 비교할 수 없을 정도로 발전할 것이다. 그렇다면 별다른 자연 훼손 없이도 건축물을 지을 수 있게 된다. 자연을 훼손하기는 쉽지만 복구하기는 어렵다. 따라서 지금은 자연환경을 최대한 보존하는 방향으로 발전해야 한다. 부산이 가진 재료는 넉넉하다. 이제 재료를 씻고 손질하여 맛있는 음식을 만들면 된다. 부산은 서울과 다른 최고 도시로 성장할 수 있다.

유라시아 대륙의 시작과 끝

부산은 지리적으로 한반도 동남쪽 땅끝에 있는 도시다. 중국 대륙과 한반도를 하나로 볼 경우 부산은 동남쪽 땅끝이다. 그리하여 부산은 선진 문물을 가장 늦게 전달받았다. 반면 한반도와 일본 열도를 하나로 볼 경우 부산은 두 나라의 연결고리다. 그리하여 부산은 두 나라의 첫 전투지이자 무역의 장이 됐다. 현대에는 전 세계를 하나로 본다. 이제 부산은 어떤 지정학적 위치로 자리 잡을 것인가.

결론부터 말하자면 부산은 아시아·유럽 대륙, 즉 유라시아 대륙의 동쪽 끝이 돼야 한다. 실제로 땅끝이라는 말이 아니다. 세계인들에게 땅끝의 이미지로 기억돼야 한다는 뜻이다. 부산이 땅끝으로 기억되기 위해서는 우선 남북한의 철도부터 연결해야 한다. 그렇게 되면 우리는 기차를 타고 유럽까지 갈 수 있다. 상상만 해도 가슴 벅찬 일이다. 그런데 유럽인들도 우리와 똑같은 상상을 한다. 그들도 기차를 타고 한반도까지 가게 될 날을 고대한다. 사람은 누구나 시작과 끝에 특별한 의미를 부여하기 때문이다. 사람들은 산티아고 순례길이나 만리장성의 시작과 끝을 궁금해한다. 물론 관광 명소의 시작과 끝이 실제로 특별한 경우는 거의 없다. 하지만 특별하기 때문에 특별한 것이 아니라 특별하게 여기고 싶어 하기 때문에 특별한 것이다. 과거 신라는 비단길의 끝이었다. 그리하여 중세 아랍인들은 신라를 황금의 나라라고 생각했다. 환상을 품은 것이다. 물론 현대 사회에서 이런 환상을 품을 일은 없겠지만 땅끝의 가치는 여전히 특별하다. 유럽에서 출발하는 기차의 종착역이 부산으로 정해진다면 사람들은 부산을 특별한 땅끝 도시로 기억할 것이다. 이는 돈으로 환산할 수 없는 가치다.

1980년대 이후 일본은 끊임없이 부산과 규슈를 연결하는 한일 해저터널을 설치하자고 요구한다. 한일 해저터널을 설치하면 어떻게 될까. 유라시아 대륙의 땅끝은 한반도가 아닌 일본 열도로, 부산이 아닌 일본의 어느 도시로 바뀐다. 즉 부산과 한반도는 땅끝이 가질 모든 수혜를 잃는다. 따라서 일본이 한일 해저터널에 목매는 것은 당연하다. 그런데 간혹 우리나라 사람 중에도 한일 해저터널을 찬성하는 경우가 있다. 이들이 한일 해저터널을 찬성하는 근거는 대개 경제적 이익, 한일 협력관계 구축, 지역 균형 발전 등이다. 하지만 이에 관한 논의는 시작조차 하지 못하고 있다. 이는 양국 관계가 원활하지 못한 까닭도 있지만 무엇보다 우리 입장에서 경제적 실익이 없다고 판단하는 까닭이다. 나 역시 한일 해저터널을 통해 우리가 얻을 이익보다 손해가 더 크다고 생각한다. 그리고 백번 천번 양보해서 한일 해저터널이 우리에게 실익을 가져다준다 하더라도 땅끝이 주는 가치만 못하다. 다시 한번 말하지만 땅끝의 가치는 돈으로 환산할 수 없을 만큼 크다. 전 세계 사람들이 부산에 대한 기대와 환상을 품도록 만들 수만 있다면 이를 활용하여 엄청난 이익을 실현할 수 있다. 한 가지 예를 들어 보겠다. 미국 드라마와 영화의 영향력은 우리가 상상하는 것 이상으로 크다. 특히 유럽에서 큰 힘을 발휘하는데, 유럽 청소년들은 자국 드라마나 영화보다 미국 드라마를 영화를 훨씬 더 선호한다. 그리하여 유럽 청소년들은 미국에 대한 기대와 환상을 품고 결국 미국 대학교에 진학한다. 게 중 일부는 미국에 눌러앉기까지 한다. 결국 유럽은 노동력 부족과 인구 감소는 물론이고 자국 산업까지 약화하고 있다. 이 모든 일의 발단이 미국 드라마와 영화라고 하니 실로 놀라운 일이다. 도시를 홍보하고 미화하는 일은 그만큼 중요하다. 이 때문에 수천 억의 손해를 보고서라도 올림픽을 유치하려 하는 것이다. 물론 한일 해저터널을 설치하지 않는다고 해서 부산이 무조건 환상의 도시로 거듭날 거라고 확신할 순 없다. 하지만 한일 해저터널을 설치하면 부산은 환상의 도시로 거듭날 천재일우를 잃는다. 이는 분명한 사실이다. 그리고 한 가지 짚고 넘어가야 할 부분이 있다. 바로 한일 관계를 개선하기 위해 한일 해저터널을 설치해야 한다는 주장이다. 이 주장만큼은 반드시 반박하고 넘어가야 한다. 평화를 얻기 위해 지정학적 이점을 포기하자는 주장은 돈으로 평화를 살 것이라는 헛소리에 불과하다. 평화는 돈으로 살 수 없다. 평화는 이웃 나라들이 우리를 넘보지 못할 때만 누릴 수 있는 짧은 혜택이다. 그간 돈으로 평화를 사려 했던 나라는 모두 망했다. 천 년의 제국 비잔티움이 대표적인 예다. 국제 사회는 강한 자만이 살아남는 야생이다. 야생에서는 힘이 전부다. 힘 있는 나라의 말 곧 법이고 정의다. 이는 분명 민주적이지 않지만 현실이 그렇다. 백여 년 전 그 어떤 나라가 대한제국의 억울함을 들어줬는가. 우리는 이미 야생의 참혹함을 맛봤다. 지금 우리는 차가운 야생의 한복판에 서 있다. 여기서 우리의 새하얀 속살을 내어 보인다면 우락부락한 짐승들이 득달같이 달려들 것은 뻔하다. 우리 이점을 포기하여 양국 관계의 개선을 도모한다는 주장은 어림 반 푼어치도 없는 소리다. 한일 해저터널을 뚫어야만 일본과 좋은 관계를 맺을 수 있다면 양국은 애초에 건설적인 관계를 형성할 수 없는 사이다. 그럴 돈으로 차라리 총 몇 자루를 더 사는 편이 평화를 유지하는 데 훨씬 더 이익이 될 것이다.

나는 부산의 미래가 땅끝의 이미지를 가지느냐 못 가지느냐에 달려 있다고 확신한다. 그래서 이 도시가 아예 새로운 이름을 가지길 희망한다. 앞에서도 언급했듯이 '부산'은 이 도시를 모두 품기에 적당한 이름이 아니다. 생각해보면 특정 산의 이름이 거대한 도시의 이름으로 사용하는 것 자체가 의아한 일이다. 개인적으로 도시의 이름은 넓은 관점에서 바라보는 그 도시의 특징을 온전히 담는 것이어야 한다고 생각한다. 수도를 뜻하는 서울이 대표적인 예다. 이제 '부산'은 이 이름의 본래 주인이었던 원도심에 돌려주자. 그리고 이 도시는 새로운 이름과 함께 새로운 시대를 맞이하자. 어떤 이름이 좋을지는 여러 사람이 머리를 맞대어 고민해야 할 것이다. 나는 이 도시가 땅끝 혹은 시작과 끝의 의미를 내포하는 이름을 가졌으면 좋겠다. 기왕이면 순우리말 이름이 더더욱 좋을 것이다.

참고 자료

자료 및 문헌

부산시 시사편찬위원회 〈부산지명총람〉
이근열 〈동래의 연원과 그 말밑〉 2007년
이근열 〈부산 땅이름의 말밑 연구〉 2008년
장순순 〈조선시대 왜관변천사 연구〉 2001년
김부식 〈삼국사기〉
신채호 〈조선상고사〉
이안눌 〈정방록〉
류성룡 〈징비록〉
〈동국문헌비고〉 1770년
〈동래부지〉 1740년
〈동래부 사례〉 1868년
미국 아카이브 홈페이지 〈Investigation of Korean-American relations: report of the Subcommittee on International Organizations of the Committee on International Relations, U.S. House of Representatives〉 1978년.

영상

국방tv 토크멘터리 전쟁사 6~7부(임진왜란), 43~46부(한반도 병합 전쟁), 111~115부(경인년 왜구)
유투브 황현필 한국사 〈삼국통일〉, 〈임진왜란〉, 〈대한민국 수립 과정〉
KBS 열린토론 〈6.25 70년, 한국전쟁은 무엇의 이름인가〉 정준희, 박태균

한너른

부산에서 나고 자랐다. 국내외 여러 도시에 살다 비로소 부산의 매력을 깨달았다. 부산 여행 가이드북을 만들기 위해 역사를 공부하고 명소를 돌아다녔다. 작업이 막바지에 이를 무렵 코로나19가 창궐하여 모든 작업을 중단했다. 여행 가이드북 대신 지금껏 쌓은 지식을 활용하여 부산과 한반도의 역사를 유기적으로 설명하는 글을 적었다. 이 다음에는 어떤 글을 쓸지 모르겠다. 다만 무슨 글을 쓰든 간에 역사를 탐험하는 일은 계속 할 것이다.

이호상

부산 출생. 한국어 교육, 일본어, 영어 전공했다. 한국학생에게는 영어와 일본어를 가르치고, 다문화학생에게는 한국어를 가르치는 일을 했다. 입시학원에서 입시연구와 상담을 하면서 심리학도 전공했으나 끝마치기 전에 사진가의 길에 들어섰다.

민족의 피로 만들어진 도시 부산

초판 1쇄 발행 _ 2021년 6월 30일

저 자 · 글 한너른 · 사진 이호상
발행인 · 정 현 걸
발 행 · 신 아 사
인 쇄 · 한승인쇄
주 소 · 서울특별시 은평구 통일로 59길 4 2층(122-826)
전 화 · (02) 382-6411 팩스 · (02) 382-6401
홈페이지 · www.shinasa.co.kr
E-mail · shinasa@daum.net
출판등록 · 1956년 1월 5일(제9-52호)

ISBN : 979-11-91158-21-2(03980)

정가 15,000원